Las Maravillas de Pessoa
desde el Espejo

Juan Adam
(Juan M. Villamayor Milagro)

Primera edición: abril 2020

© Juan Adam
 Las Maravillas de Pessoa desde el Espejo

ISBN 978-84-09-20063-4

Autopublicación

Agradecimientos

Gracias por adquirir mi libro **Las Maravillas de Pessoa desde el Espejo**. Este libro es un estudio sobre la obra de Fernando Pessoa desde una perspectiva que en principio podríamos calificar de diferente desde el punto de vista de la crítica literaria. Mi objetivo no es hablar de las influencias que recibe este autor en su obra (sea poesía, prosa, metafísica, etc) o de diferentes períodos histórico-literarios que le hayan podido cautivar (que los hay y de gran importancia, obviamente). Mi objetivo es hacer un homenaje a ese compañero de viaje que siento a nivel álmico.

El homenaje que le quiero hacer a este compañero de camino está basado en la influencia de Escorpio, como ascendente, en su carta natal. Nuestros ascendentes en agua (el mío es Cáncer) hacen que sintamos interés por las emociones, aunque desde una perspectiva diferente. No obstante, lo importante es la conexión especial que Juan Adam siente hacia Fernando Pessoa, motivo que le lleva a la necesidad de abordar su obra literaria desde una perspectiva diferente.

Así pues, partiendo del interés por el ocultismo, junto con las emociones, que Fernando Pessoa siente, me propongo dar un giro de 360 grados al estudio que sobre él se ha hecho (hablo de grados para hacer referencia al interés que tanto este autor como yo sentimos por la Astrología) y sentirme libre para hacer un estudio de su obra a partir de disciplinas tan dispares como la física clásica, la Astrología, el Tarot y la Numerología, pasando por la ciencia y la física cuántica.

Juan Adam

Los poemas presentados en este libro pertenecen a la edición digital del Arquivo Pessoa (http://arquivopessoa.net) y también a la Edição Crítica de Angioni, Marcus & Gomes, Fernando. ¡Que disfrutes de mi libro! Con mucho gusto responderé a tus comentarios.

Juan Adam

Tabla de Contenidos

CAPÍTULO 1. Fernando Pessoa a través de la vida

El camino de la vida se puede recorrer de diferentes maneras: a través del árbol de la vida cabalístico, a través del Tarot, a través de la Numerología o a través de la Astrología, disciplina desarrollada por el propio Fernando Pessoa.[1] Todo lo que percibimos físicamente tiene su existencia a nivel cuántico o espiritual y dentro de sus múltiples probabilidades de existencia porque, ante todo, somos CONSCIENCIA, pura energía manifestada como una neurona-pensamiento. Pero ¡ojo!, además de eso, también somos lo que percibimos por medio de la interacción con los demás.

Hablar de un autor, en general, y de Fernando Pessoa, en particular, implica hablar de la transmisión de un mensaje. El mensaje que este autor nos transmite es a través de diferentes disciplinas como la literatura o la Astrología, lo cual automáticamente me lleva a pensar en el planeta Mercurio y el dios Hermes, conocido como el mensajero de Dios que transmite los conocimientos divinos al hombre. Por otro lado, y siguiendo con la idea de la transmisión de un mensaje y con la idea del

---

[1] Se recomienda la lectura de los diferentes horóscopos que levantó Fernando Pessoa, como por ejemplo sobre la Segunda República Española o sobre Cataluña, que resuena perfectamente con la situación política actual unos cien años después de ser escrito. Consúltese, por ejemplo, *Fernando Pessoa em Espanha*, editado por Babel y escrito por Antonio Sáez Delgado y Jerónimo Pizarro.

camino de la vida, hay quien atribuye a Isaac El Ciego el origen de la Cábala como resultado de sus enseñanzas en Provenza entre 1160 y 1180. Según, René Guénon, hablar de Cábala implica hablar de la transmisión de un mensaje, entre otras cosas. En el caso de Fernando Pessoa, podríamos decir que todas las máscaras que utiliza (los diferentes heterónimos, semi-heterónimos, etc. con los que firma su obra, junto con su ortónimo Fernando Pessoa) son diferentes manifestaciones de ese Hermes al que yo llamaría "El Mensajero de Dios-Padre-Madre".

Así pues, para entender la obra de Fernando Pessoa, "El Mensajero", ¡qué mejor que empezar con un acercamiento a las diferentes etapas de su vida! Podríamos hacer este acercamiento a través de cualquiera de las disciplinas arriba mencionas; no obstante, lo haré a través de la Teoría de Pitágoras, la ciencia de los números o Numerología ya que bien me sirve para ilustrar la energía de sus diferentes etapas con extractos de su obra, principalmente la poesía inglesa que escribió bajo el título *The Mad Fiddler*.

No obstante, antes de adentrarnos en las diferentes etapas de la vida de Fernando Pessoa y en su producción literaria, considero de gran importancia hacer una referencia cabalística que es crucial como punto de partida para entender tanto la teoría poética como la teoría estética del autor.

Durante el Siglo XII tuvo lugar en Provenza un importante resurgir tanto en el movimiento cátaro cristiano, como en el mundo hebreo: se trata del origen de la Cábala, origen que es atribuido a Isaac El Ciego y a sus enseñanzas en Provenza desde 1160 hasta 1180, al hablar de una dimensión infinita como el origen no creado del universo.

Según René Guénon, "cábala" etimológicamente significa "La raíz Q B L; en hebreo y en árabe, significa esencialmente la relación de dos cosas que están colocadas una frente a otra; de ahí provienen todos los diversos sentidos de las palabras que se derivan de ella, como, por ejemplo, los de encuentro y aún de oposición. De esta relación resultan también ideas como las de recibir, acoger y aceptar, expresadas en ambas lenguas por el verbo *qabal*; y de ahí deriva directamente *qabbalah*, es decir, propiamente "lo que es recibido" o transmitido (en latín *traditum*) de uno a otro. Con esta idea de transmisión, vemos aparecer aquí la de sucesión; pero hay que señalar que el sentido primero de la raíz indica una relación que puede ser tanto simultánea como sucesiva, tanto espacial como temporal."

Dentro de la *qabbalah* nos encontramos la doctrina esotérica de las Sefirots, que tiene su origen en los escritos "Bahir" y el "Sefer Yetsirá" , doctrina atribuida a Isaac El Ciego, en las comunidades judías de Provenza.

Pero, ¿qué son las Sefirots? Se trata de diez emanaciones procedentes de un rayo cósmico, diez esferas que dieron lugar a nuestro Universo desde la no-manifestación hasta la manifestación. Se trata de un camino que se recorre desde la primera esfera, Kether, o la Corona, hasta la décima esfera llamada Malkuth o el Reino, el mundo físico. La estructura de los diez Sefirots es la del Árbol de la Vida, que representa el proceso de manifestación del Universo de arriba (el mundo espiritual) abajo (el mundo físico) y viceversa, caminos de espiritualización del ser humano. El estudio del Árbol de la Vida nos permite aproximarnos al Principio Creador a través de tres columnas o pilares: la columna central, que recibe todas las emanaciones sefiróticas para equilibrar, armonizar y reconciliar todas las oposiciones existentes en el seno de la manifestación; la columna de la derecha, que representa el polo masculino y activo de la manifestación; finalmente también encontramos la columna de la izquierda, que representa el polo femenino o pasivo de la creación. El Arcano Menor del Tarot Rider llamado Diez de Oros o Pentáculos, junto con el centro de la ciudad de Lisboa, según fue diseñado por el Marqués de Pombal tras el incendio de la ciudad, son dos claros ejemplos que representan el Árbol de la Vida:

Como se puede observar en la imagen, la columna de la derecha representaría el polo masculino (la Rua Aurea de Lisboa), mientras que la columna de la izquierda representaría el polo femenino (la Rua da Prata de Lisboa, también).

Estas diez Sefirots están entrelazadas por 22 senderos que equivalen a las 22 letras hebraicas y a los 22 Arcanos Mayores del Tarot. Estos senderos unen y equilibran las Sefirots formando los 32 caminos de la sabiduría, caminos que nos llevan al Principio Creador o mundo de la no-manifestación a través de la vía del corazón. Estos 32 caminos nos llevan al Principio Creador a través del corazón.

Las diez Sefirots están relacionadas con los diez primeros caminos correspondientes a experiencias espirituales que nos aproximan a la energía divina. Cada Sefirot representa tanto un estado de manifestación como un proceso de crecimiento espiritual. Los 22 senderos que unen las 10 Sefirots representan la integración y desarrollo interior.

La tradición cabalista esotérica nos habla del rabí Abraham ben Yitshac, abuelo del eminente Yitshac o Isaac El Ciego. Según Isaac El Ciego, sus "padres" poseían conocimientos esotéricos que nos remiten a la "revelación del profeta Elías". Parece ser que Isaac vivió entre 1165 y 1235 habitando, al menos temporalmente en la ciudad de Posquieres. Su apodo " El Ciego" procede de un vocablo hebreo tradicional, *sagi nahor*, que significa "rico en luz". Sus escritos esotéricos son difíciles de entender. También se dice de él que era capaz de percibir el aura que rodeaba a un hombre y de predecir quién viviría y quién no. También sabía si el alma de un hombre era errante o era un alma nueva.

Se conservan instrucciones relacionadas con la meditación que se debe realizar durante la recitación de ciertas oraciones, pero lo que es realmente novedoso en la Cábala de Isaac El Ciego es la aparición de la Nada mística y el concepto de "en-sof". El camino gradual que Isaac propone es el de la contemplación mediante tres fases: El Infinito (En sof) el pensamiento (mashabá) y el discurso.

El principio del discurso (dibbur) se refiere a todo aquello que puede ser transmitido en palabras y apunta a las siete Sefirots inferiores. El Pensamiento (mashaba) pertenece al mundo de las esencias divinas, pero lo realmente importante de esta clasificación es algo que todavía va más allá, el Infinito o en- Sof por encima incluso del propio pensamiento Divino al que Isaac denominará "la causa del pensamiento divino".

¿Queda clara la relación entre la cábala, por medio de las tres fases mencionadas, el Planeta Mercurio, el dios Hermes y "El Mensajero" Fernando Pessoa? Es de gran valor cultural, sea a nivel académico o bien alternativo, mencionar todo esto porque, según se puede observar en la obra de Fernando Pessoa, y tomando como ejemplo la colección titulada *The Mad Fiddler*, en particular, el autor no sólo busca su conexión con los demás, consigo mismo y con la naturaleza, sino también su conexión divina con ese Dios-Padre-Madre. Ésta es la razón por la cual comenzamos hablando de Fernando Pessoa a través de la vida con la intención de introducirnos en ese espejo que tanto nos recuerda a la jovial Alicia de los hermanos Grimm en su País de las Maravillas:

> De pequeña, en mis tardes solitarias siendo niña y sin hermanos, me quedaba mucho tiempo contemplándome en los espejos grandes que había en las casas de mi infancia.
> [...] me quedaba viendo los reflejos de la sala, de las personas y de los objetos.

[...] me atraía el mundo del espejo, el mundo donde la derecha era la izquierda y la izquierda la derecha, donde todo nos era devuelto para nuestra fascinación o castigo. Siempre [...] miraba el espejo con respeto, me aproximaba a él lentamente y lo tocaba, primero con un dedo, después con los restantes y, finalmente, empujaba suavemente la superficie con las palmas de las manos. En mi fantasía, mis manos entrarían un día en el espejo como si de agua se tratase. Y yo entraría en el mundo del Otro Lado aunque mi nombre no fuera Alicia.
Allí, en el mundo de los reflejos, esperaba encontrar otra visión de la realidad (2002: 9).

De esta manera, al otro lado del espejo se puede percibir otra realidad: el mundo cuántico, ese mundo que trata de explicar el porqué de las cosas tomando como punto de partida la teoría subatómica con sus múltiples probabilidades. Así es cómo funciona todo en la vida: a través de los números. De hecho, hay expertos que indican que el Universo es matemático ya que todo está compuesto de números y códigos. Ésta es la razón por la cual empezaremos a "observar", como dirían los físicos cuánticos, la obra de Fernando Pessoa (centrándome en la colección titulada *The Mad Fiddler*) desde la teoría de Pitágoras: la ciencia de los números o Numerología.

Centrándonos entonces en la las etapas de la vida de nuestro autor, tomaremos las diferentes energías que se aplican a su vida desde la infinidad de probabilidades cuánticas. La Numerología es una ciencia muy antigua; El griego Pitágoras, que más tarde ascendería como el Maestro Ascendido Kuthumi, fue matemático y filósofo. Durante su vida la ciencia y el misticismo estaban interconectados. Aprendió diferentes disciplinas como aritmética, geometría y astronomía y tras viajar por lugares como Egipto, Asia, Judea y Persia, se estableció en el sur de Italia. Allí creó su propia escuela y fue seguido por personas tan prestigiosas como Platón.

El punto de partida para entender la vida y obra de Fernando Pessoa es la Numerología porque me permite introducirme en ese espejo y en todas las máscaras que utilizó (Alberto Caeiro, Álvaro de Campos, Ricardo Reis, Alexander Search, Bernardo Soares, etc) a través de los símbolos. La vida está llena de símbolos que rápidamente sabemos interpretar (todos sabemos cómo actuar ante un semáforo rojo, un coche a gran velocidad mostrando un pañuelo blanco, etc). De la misma manera, los números también son símbolos. Estos símbolos nos ayudan a medir el mundo material a través del aspecto exotérico del símbolo, pero también nos ayudan a entender el mundo espiritual a través del aspecto esotérico del símbolo.

De Pitágoras nos llega el carácter esotérico del símbolo, esa interpretación espiritual y mística. Gracias a este carácter del símbolo es posible adentrarnos en ese espejo para entender aquello que nos quiere transmitir "El Mensajero" Fernando Pessoa por medio de simbolismo y misticismo. Así pues, comencemos ese viaje al interior de este mensajero de Dios-Padre-Madre.

Fernando António Nogueira de Seabra Pessoa nació en Lisboa el 13 de junio (día de San Antonio, patrón de Lisboa) de 1888 a las 15:20 horas, estando el Sol en Géminis, la Luna Creciente en Leo, y con ascendente Escorpio:

(Imágenes tomadas del *Tarot Symbolon*)

Esto ya nos está indicando que su número de vida o de destino es el 8 (como resultado de la suma de su fecha de nacimiento y reduciendo ese resultado a un número primario). La vibración representada por el número de vida o destino es la más importante, pues nos da información acerca de la tendencia de nuestra vida. Sintonizando con esta vibración lograremos encontrar la conexión con nuestra alma y aquello para lo que vinimos a este mundo. Este número nos habla de materialización y superación de obstáculos que se le presentan al nativo, quien siente la materia con los sentidos bien despiertos y usándolos con intensidad. Estos nativos llevan una vida rutinaria y necesitan hacer proyectos nuevos, cuya realización les reportará felicidad. Este número nos habla de éxito en todo lo que se realiza a base de lucha y perseverancia. Ésta es la razón por la cual la influencia del planeta Marte (que indica dirección hacia la consecución de objetivos, entre otras cosas) es muy importante para estas personas, así como el símbolo del infinito:

Símbolo del Infinito

No obstante, el lado negativo es la indisciplina. Estas características están presentes en Fernando Pessoa, quien lucho mucho por sus objetivos. Concretamente, lucho por conseguir la publicación de su poesía inglesa en Inglaterra, algo que fue rechazado por los editores a los que envió su obra, si bien es cierto que consiguió ver la publicación de un par de poemas de forma aislada. También tenemos constancia de que nuestro autor fue indisciplinado, pues le gustaba trabajar a su ritmo sin tener que obedecer a nadie.

Otra de las características que se puede observar, en ese caso para todas las personas nacidas un día 13, es su carácter pragmático y su capacidad de trabajo (algo que también exigen a los demás). Necesitan un buen ambiente en el hogar para tener éxito. A veces son tan exigentes que pueden llegar a mostrar un punto dictatorial. Por otro lado, tienen una naturaleza amorosa, aunque con gran dificultad para mostrarla. De hecho podríamos decir que nuestro autor no se caracteriza precisamente por su poesía amorosa. Toca el tema del amor, es cierto, pero no hasta tal punto que se pueda hablar de poesía puramente amorosa. Lo que sí desarrolla a la perfección Fernando Pessoa es su capacidad imaginativa y creativa, lo que le ayuda a suavizar esa austeridad y rigidez que caracteriza a los nativos de un día 13. Los nativos de este día desarrollan lo artístico a través de la escultura, pintura o la escritura, como es el caso de nuestro autor.

Si sumamos 1 + 3 = 4. Esto significa que las personas nacidas un día 13 también van a ver la energía del 4 reflejada en su vida. Esto se puede observar en el caso de Fernando Pessoa, quien se mostró pragmático y mantuvo su empleo como escritor hasta su lecho de muerte, cuando escribió "I know not what tomorrow will bring" [No sé lo que nos deparará el mañana].

¿Cuáles son las capacidades innatas que ayudan a Fernando Pessoa en el cumplimiento de su misión de vida? Para ello, tenemos una vibración determinada por el número del camino de la misión. En este caso le corresponde la energía del número 1, que nos habla de un camino propio, incluso solitario. Esto es algo que se puede observar al leer la biografía del autor, que nos habla de un escritor al que le gusta la soledad ya que es una persona de pocos amigos. Fernando Pessoa hace uso de estas características suyas innatas de manera positiva, utilizando esta energía para el desarrollo de su creación literaria.[2] Para llevar a cabo esa creación hizo uso de la autonomía, automotivación, autosuficiencia y fuerza de voluntad.

No obstante, como bien decía el filósofo, a toda tesis le corresponde una antítesis. Dicho de otro modo, a esas cualidades innatas le siguen otras un tanto "oscuras". Esto es lo que se conoce como desafíos, obstáculos o ajustes que nos encontramos

---

[2] Como sabemos, Fernando Pessoa dejó un gran legado literario bajo la forma de diferentes géneros (poesía, prosa, política, etc. ¡Incluso escribió un libro de cocina!)

en nuestra vida.[3] Debemos prestarles atención ya que a veces tiene un carácter kármico al venirse repitiendo el mismo patrón encarnación tras encarnación o generación tras generación dentro de nuestro árbol genealógico. Esto lo vemos claramente reflejado en un mapa astrológico por medio de la letra "R" junto a un planeta, lo cual nos indicaría que ese planeta está retrógrado al haber una circunstancia (kármica) que se sigue arrastrando de vidas pasadas. Las cuadraturas y quincuncios también nos estarían hablando de dificultades o ajustes que debemos atender en la presente encarnación.

El desafío más importante que presenta Fernando Pessoa es tener que desarrollar su fuerza de voluntad, coraje y carácter, de lo contrario se generarán situaciones en las que se verá obligado a hacer lo que le digan los demás, sobre todo en su círculo más próximo. Lo cierto es que a lo largo de su vida mostró ser un escritor con una gran capacidad creativa pero se encontró con muchas dificultades como la arriba mencionada de no ver cumplido su sueño de ser publicado en Inglaterra como también otra dificultad relacionada con un negocio de imprenta que intentó sacar adelante pero fracasó, etc. Lo importante es que nuestro autor se esforzó por lograr sus objetivos y así vencer estos desafíos.

Pero, ¿por qué Fernando Pessoa se encontró tantos obstáculos en su vida? Una de las explicaciones puede ser el hecho de las creencias que trajo consciente o inconscientemente. Pudo estar condicionado por unas ideas caducas transmitidas por

---

[3] En términos jungianos estaríamos hablando del arquetipo básico: la sombra, aquello que nos "persigue" inconscientemente y debemos prestarle atención.

otras personas, tal vez a través de su árbol genealógico o tal vez por alguna acción alejada del orden divino procedente de una vida pasada.

La realidad que percibe Pessoa parece estar distorsionada o fragmentada, según se observa en la creación de esas máscaras arriba mencionadas con las cuales firmó su obra (de ahí la portada de este libro entre otros motivos). Eso le aleja del verdadero ser, lo que hará que empiece una búsqueda de su identidad en comunión con Dios-Padre-Madre a través de un violinista que bien nos recuerda al flautista de Hamelín:

> Del norte no venía
> Del sur tampoco es,
> Su loca melodía
> Se oye donde estés.
> [...]
> Recuerdo improvisado —
> Del brillo de una luna naciente
> Donde la vida-sueño aviva —
> El ritmo del soñador violinista.

("The Mad Fiddler", traducido como "El Soñador Violinista")

Otro desafío que se encuentra Pessoa en su vida es la dificultad para expresar su energía creativa e instintiva en el mundo material y concreto, lo cual nos remite a esas dificultades que tuvo para ver su obra publicada en Inglaterra. Este desafío nos indica que se creó demasiadas expectativas, como se puede observar en las numerosas modificaciones y correcciones que hizo en su poesía inglesa para que quedase impecable ante los editores ingleses.

También cabe destacar un desafío motivado por el tránsito de la Luna en Sagitario, que nos habla de firmeza, concretamente de la dificultad para afirmarse, tanto en las emociones como en las opiniones, intereses e iniciativas. Ya sabemos que nuestro autor no se caracteriza precisamente por escribir poesía amorosa, como tampoco tuvo éxito con las mujeres (ni hombres, que se sepa). En cuanto a sus opiniones es interesante mencionar que estamos hablando de la época modernista, una época que, partiendo de la tendencia literaria anterior, también es rompedora. Aquí es dónde entra en acción Fernando Pessoa, pues intentó ser rompedor, a pesar de mantener la tradición literaria de sus contemporáneos. Nuestro "mensajero" habla de temas que la gente de la época, incluso hoy en día, no entiende. Por ejemplo, junto a su trayectoria literaria tradujo muchos textos metafísicos, levantó horóscopos de diferentes personalidades (incluso el de la Segunda República Española), etc. Esto lo podía compartir con un grupo selecto de personas, por eso se puede decir que tuvo dificultades para expresar sus opiniones.

Otro de los desafíos que debe afrontar nuestro autor es de naturaleza interna y tiene que ver con la expresión externa mental. ¿Qué significa esto? Esto significa que Pessoa tiene dificultad para poner la mente en su sitio, algo que le viene de niño, cuando ya empezó a ejercer de "mensajero" cuando contaba sólo con seis años de edad. En aquel entonces (1895) ya tenía "contacto" con Chevalier de Pas, lo que algunos llamarían "amigo invisible" (yo prefiero hablar de su Guía Espiritual). Es entonces también cuando escribió sus primeros versos, en portugués, dirigidos a su madre. Éste es el comienzo de la creación de sus heterónimos, como más tarde confesaría en sendas cartas escritas en 1931 y 1935. Pessoa se siente prisionero de su mente, que controla sus emociones y le impide desarrollar toda esa capacidad de conexión con su Ser Interior. Lleva dentro ese "don" de "mensajero", como se puede comprobar, al menos desde los seis años; sin embargo, su mente es tan poderosa que le lleva a desdoblar su personalidad (tal vez podríamos hablar de una fragmentación del alma) en diversos "autores" con los que firmaría su obra. Tiene la cabeza en la luna, tiene muchos proyectos pero tal vez (por algún programa de comportamiento inconsciente en su mente) no se sienta merecedor de ello y por ello lucha y lucha para finalmente no ver su obra publicada en Inglaterra (de hecho sólo tras su muerte le llegaría ese merecido reconocimiento a nivel internacional).

Otro de los desafíos que debe afrontar Fernando Pessoa nos lleva a la interpretación del tránsito de Júpiter por Géminis. Géminis es un signo doble relacionado con el elemento aire y con las espadas del Tarot. Como tal, nos habla de todo lo relacionado con la mente, con la comunicación y con temas "bi-" (llamémoslo bipolaridad, bisexualidad, etc). Está totalmente relacionado con el desafío anterior ya que ambos nos hablan de la mente. No obstante, este desafío se centra en las excusas o malas pasadas que le juega la mente a Fernando Pessoa, lo que le lleva a justificarse para no arriesgarse en la vida. Esto puede parecer un tanto frívolo, ya que este autor sí que se arriesgó, y mucho, para lograr sus objetivos; no obstante, tal vez deberíamos ser más precisos y decir que no se arriesgó a soltar toda esa carga o tensión mental heredada de sus ancestros o de sí mismo en vidas pasadas quedando como programas de comportamiento en su subconsciente. *Ele mermo* [él mismo] (expresión muy utilizada por los críticos literarios para referirse a este autor) se auto-sabotea diciéndose "no" una y otra vez, aunque sólo sea inconscientemente. El trabajo interior aquí sería cambiar esos programas de comportamiento transmutando el miedo en confianza, por ejemplo.

El último desafío que se puede mencionar es aquél que nos lleva al tránsito de Marte por el signo de Capricornio en exaltación. Éste es el desafío que se lleva "la perra gorda", pues nos habla de una dificultad para que Pessoa se sienta merecedor de realizar una actividad estimulante, creativa y divertida (dificultad para el desarrollo de su misión de vida: ser ese "mensajero" a través de la escritura). De hecho, de divertido tiene poco (o aparentemente nada), como se puede ver en la sobriedad de su semblante en todas sus apariciones públicas. Además, parece que tiene la creencia instalada en su mente subconsciente de que necesita esfuerzo y sacrificio para lograr sus metas, como se puede leer en cualquiera de las biografías publicadas sobre él: durante toda su vida no hizo más que trabajar y esforzarse, esforzarse y trabajar sin dedicar tiempo a sí mismo y a la diversión (me remito de nuevo a las fotografías tomadas a él y a su semblante sombrío).

¿Cómo puede Fernando Pessoa hacer frente a estos desafíos? Para ello se encuentra con dos lecciones de vida, principalmente, que le ayudan. La primera de ellas está determinada por el tránsito de la Luna en Cáncer, buen tránsito pues la Luna se encuentra en su domicilio. Pessoa madura conforme va recuperando el equilibrio emocional, pero ¡ojo! se trata de un equilibrio que tiene que venir de dentro, no de fuera. ¿Cómo consigue Pessoa este equilibrio? Para ello lo que hace es dedicarse a su misión de vida: escribir, escribir y escribir. Esto lo hace utilizando el papel del observador, según la física cuántica. Observa y observa, pero lo hace de una manera tan profunda que para algunas personas es difícil de entender, pues en lugar de ver la conexión de Pessoa con Dios-Padre-Madre a través de su ser divino, mucha gente ve la implicación religiosa de nuestro autor (hablan de paganismo, neo-paganismo, etc. en lugar de hablar de la búsqueda de la paz interior y la conexión de Pessoa con ese Ser Creador). Éste es el mayor reto de Pessoa: la construcción de una estructura emocional estable dentro de sí mismo.

La segunda lección de vida viene determinada por el equilibrio dentro de su proceso de individuación, hablando en términos jungianos, de nuevo. ¿A qué se refiere este equilibrio? Este equilibrio hace referencia al ajuste de los impulsos internos de Pessoa con el mundo exterior. Debe expresar los impulsos internos para evitar el arquetipo de la sombra que nos lleva de nuevo a programas mentales en el subconsciente difíciles de sanar debido a su manipulación e influencia sobre nuestras decisiones conscientes. Es importante encontrar la forma de expresar estos impulsos para evitar cualquier tipo de tensión. Esto se consigue adaptándose a las circunstancias y a los nuevos tiempos a través, de nuevo, de la figura del observador. Fernando Pessoa observa, a pesar de esos patrones inconscientes, y escribe, pero escribe cosas tan profundas que, insisto, para algunas personas es difícil de entender. El equilibrio se produce a medida que Pessoa toma conciencia de su actitud ante los demás y su trato con ellos. A través de la conexión con los demás se va eliminando tensión y consiguiendo ese equilibrio con los demás.

Pasemos ahora a estudiar los ciclos de vida en Fernando Pessoa y cómo afecta la energía de éstos en su producción literaria. La Numerología nos indica que tenemos cuatro ciclos de vida que dependen del día de nacimiento:

1. El primer ciclo de vida va desde el nacimiento hasta los 28 años de edad de Fernando Pessoa. En su caso, se observa que es un buen momento para ser independiente, individualista y original en pensamientos y en la práctica. No obstante, para ello, necesita coraje, ambición y firmeza, pues éstas cualidades son necesarias para la obtención de éxito. Esto es difícil de conseguir para una persona joven, pues todavía le falta experiencia y un bagaje vital. Fernando Pessoa fue original desde que con seis años ya empezara a escribir sus primeros versos, hecho que posteriormente sería afianzado en 1914 (a los 26 años de edad), con la eclosión de sus principales heterónimos: Alberto Caeiro, Álvaro de Campos y Ricardo Reis, tras haber desarrollado su *juvenalia* (obra inicial) bajo el nombre de Alexander Search (siendo *search* "búsqueda", en inglés).

2. El segundo ciclo va desde los 28 años hasta los 37 y está caracterizado por la cooperación y diplomacia en las relaciones con los demás. Aquí son probados los niveles de tolerancia y paciencia del autor. Este período es proclive a la asociación y colaboración con los demás, como se puede observar en la fundación por parte de Fernando Pessoa de la revista *Orpheu*, así como la participación en otros círculos literarios, artísticos y revistas.

3. Este ciclo va desde los 37 años hasta los 46 y está determinado por el desarrollo de la creatividad de nuestro autor a pleno rendimiento. Es un período de gran riqueza mental y favorable para desarrollar la creatividad. La imaginación también se ve

favorecida si se estimula para salir de la rutina. Es en este ciclo de vida durante el cual Fernando Pessoa escribió gran parte de su obra, éste es el caso de su libro de poemas en portugués titulado *Mensagem* [*Mensaje*], en 1933 a los 45 años de edad.

4. El último ciclo de vida de nuestro autor va desde los 46 años hasta su muerte en 1935. a los 47 años de edad. En su caso, este cuarto ciclo está asociado al trabajo y al orden; sin embargo, nuestro autor no lo pudo vivir, pues falleció al final de su etapa creativa.

Como año personal en 1935, a Pessoa le correspondía la energía del número 1, que además de comienzos indica cambios. Murió agotado y su cuerpo había llegado al límite. Su cambio fue el tránsito a través de la muerte física dejando un legado impresionante que se conserva tanto en la Casa Fernando Pessoa como en la Biblioteca Nacional de Portugal.

Para finalizar con este recorrido a través de la vida de Fernando Pessoa desearía destacar sus cualidades según vienen determinadas por su nombre. Lo primero que se puede observar es la vibración de la personalidad de Fernando Pessoa a través de su número de expresión. Esta energía es muy sutil, tanto que no se puede percibir conscientemente. De hecho hay personas que modifican su nombre porque no se sienten identificadas con esa vibración, o bien porque quieren potenciar una cualidad específica, como es el caso de Juan Adam. La diferencia entre unas personas y otras que modifican su nombre es que unas lo hacen conscientemente, como es el caso de Juan Adam, mientras que otras lo hacen inconscientemente, incluso siendo niños.

En el caso de Fernando Pessoa, su nombre nos habla de una persona intuitiva, introvertida y cautelosa. Se trata de una persona que sólo habla cuando se siente a gusto con el tema de conversación. Le gusta estar solo y recupera la energía a través del silencio y de la soledad. De hecho, éstos son unos de los temas que abundan en su obra:

> Allí de nuevo nos amaremos,
> Cuestionando el viejo amor
> Que nos hizo conmovernos,
> Cuando retiro y dolor
> Llenaban nuestra alma
> Con su culminación.

("Summerland", traducido como "Tierra Soñada")

Además, tiene buenas capacidades mentales, a pesar de esos desafíos, y le gusta el trabajo que le permita pensar, rechazando todo aquel trabajo que le obligue a trabajar como una máquina. Fernando Pessoa es un gran intelectual.

Desde un punto de vista álmico, Fernando Pessoa vibra con el deseo de ser independiente y de crear una vida autónoma y original (esto se puede observar en cualquiera de sus textos). Le gusta crear su propio camino sin aceptar críticas o influencias externas en la toma de decisiones.

En cuanto a su imagen, Fernando Pessoa muestra un fuerte instinto protector y asume responsabilidades de otras personas. Aparenta ser equilibrado, afectuoso y dedicado. Ama la belleza y la armonía estética. De hecho, su teoría estética nos recuerda el estilo de Oscar Wilde.

La primera vocal de su nombre nos habla de agitación, versatilidad y de algún nerviosismo e impulsividad. Aprende rápidamente lo que le interesa y le gusta llevar una vida excitante y poco rudimentaria. Esto, en mi opinión, se aprecia claramente en su producción literaria, donde, a pesar de ser considerado un gran poeta, utilizó diferentes géneros literarios y no literarios, evitando así la monotonía.

Por último, la primera consonante de su nombre está marcada por una vibración de quien asume responsabilidades en diferentes contextos, como por ejemplo los círculos literarios o artísticos en los que andaba metido. Fernando Pessoa es compasivo y gentil y da afecto con facilidad. También es propenso a la tristeza y sobriedad de la que hablo más arriba. No obstante, esto está compensado por su dádiva generosa sin esperar nada a cambio.

CAPÍTULO 2. Despersonalización

En la edición del *Livro do Desasocego* [*Libro del Desasosiego*] editada por Jerónimo Pizarro en 2010, se puede leer lo siguiente en relación al propio rostro del narrador:

> *De tanto pensar-me, sou já meus pensamentos mas não eu. Sondei-me e deixei cahir a sonda; vivo a pensar se sou fundo ou não, sem outra sonda agora senão o olhar que mostra, claro a negro no espelho do poço alto, meu proprio rosto que me contempla a contemplal-o.*

> *[De tanto pensar en mí, ya soy mis pensamientos pero no yo. Me observé y dejé caer la observación; vivo pensando si soy malo o no, sin otra observación ahora más que la mirada que muestra, de clara a negra en el espejo del pozo alto, mi propio rostro que me contempla contemplándolo.]*
> (Trad. Juan Adam)

Como se puede observar, el narrador se despersonaliza pasando de la primera persona a una tercera "meu proprio rosto que me contempla a contemplal-o" [mi rostro que me contempla contemplándolo], lo cual nos lleva a pensar en el proceso jungiano de individuación. Aquí surge la parte inconsciente del autor, quien busca su auto-realización para encontrarse con *ele mesmo* [él mismo], su propia identidad pero ¡ojo!, identidad compartida con la identidad colectiva. Nuestro autor se identifica con la tercera persona para crecer desde ese proceso de individuación que nos conecta con el INCONSCIENTE COLECTIVO. Así consigue encontrarse con *ele mesmo* [él mismo]:

Juan Adam

La realización consciente de la unión interna requiere terminantemente la realización humana como condición inexcusable, pues sin una vinculación con el prójimo conscientemente aceptada y reconocida no es posible ninguna síntesis de la personalidad.

(Jung, [1946], vol. 16, núm 444)

Así pues, para hablar de esa despersonalización, en este caso de Fernando Pessoa, lo primero es entender que la individuación es tornarse uno consigo mismo y al mismo tiempo con toda la humanidad, como nos sigue indicando Jung (Jung, [1945], vol. 16, núm 227). Esto lo podemos observar en el análisis que hace Anne Terlinden sobre la colección de Pessoa titulada *The Mad Fiddler*. En este análisis (Terlinden, Anne. 1990. *Fernando Pessoa: The Bilingual Portuguese Poet. A Critical Study of "The Mad Fiddler"*. Bruxelles: Publications des Facultés Universitaires Saint-Louis), la autora hace una clasificación temática de esta colección en dos grandes bloques:

- ***El mundo alrededor del poeta*** (donde nos habla del sufrimiento, la soledad, el misterio de la existencia, el *além* [lo lejano] y el conocimiento poético).
- Una lectura del ***auto-conocimiento*** (donde trata los temas de la infancia-naturaleza-paraíso, la paradoja entre sueño y realidad, y también de la poesía).

La obra de esta autora está repleta de ejemplos que nos remiten a la psicología jungiana de la individuación del poeta. Por ejemplo, a modo consciente el poeta se mete de lleno en el inconsciente (individual) cuando dice:

> [Hay laberintos de MÍ.
> Soy mi ser desconocido]
>
> ("The Foreself", traducido como "Mi Otro Yo")

De hecho, "la individuación no nos cierra las puertas del mundo, sino que reúne el mundo para sí" (Jung, [1947/1954], vol. 8, núm. 432). Si logramos entender la psique de Pessoa, conseguiremos entender lo que realmente emana de lo más profundo de su SER (sin ningún interés por mi parte en menospreciar las influencias literarias que sobre él podamos encontrar).

Esos laberintos de los que habla el poeta nos remiten al arquetipo junguiano del Viajero Espiritual que encontramos en el Arcano Mayor del Tarot sin número ("El Loco", tan loco como ese "Mad Fiddler", objeto de estudio para mí), con el único objetivo de alcanzar la unión divina, representada por el Arcano Mayor 21, "El Mundo" o "El Universo" para autores como Aleister Crowley, donde hay quien ve representada una figura andrógina cercada por el útero materno a través del cual nos conectamos y comunicamos con el exterior.

Dentro del proceso de despersonalización de Pessoa nos encontramos unos elementos fundamentales: lo que siente y lo que piensa. Como bien es sabido, un pensamiento nos lleva a una emoción y así creamos nuestros sentimientos, que es lo que nuestro poeta quiere expresar a lo largo de su propio viaje iniciático que conecta el arquetipo del "Puer" (Arcano Mayor "El Loco") con lo divino (Arcano Mayor "El Mundo" o "El Universo"). Su objetivo es alcanzar esa divinidad, aunque en realidad él ya sabe que es un ser divino, cada uno de nosotros lo es por el mero hecho de estar hechos a imagen y semejanza de la Mente Universal (Dios-Padre-Madre). Tan sólo debemos recordarlo y el poeta para tal fin realiza este viaje iniciático que comienza con la llegada de un extraño a una aldea tocando una música al estilo de *El Flautista de Hamelín*, de los herrmanos Grimm.

El enfoque que le da Jung al proceso de individuación se puede dividir en tres grandes bloques por los cuales se desarrolla el viaje iniciático de nuestro poeta: la consciencia del plano físico, el inconsciente del plano mental y el inconsciente colectivo del plano espiritual. Lo más interesante es que se pueden encontrar ejemplos de todo esto en la producción literaria de Fernando Pessoa, concretamente en *The Mad Fiddler*. Recordemos que el primer poema que compone esta colección "The Mad Fiddler" ya nos introduce el arquetipo del "Puer", que significa "niño", en latín. En realidad es un hombre adulto que como si del flautista de Hamelín se tratase, embelesa a toda una aldea con su música. No obstante, hablamos del arquetipo del "Puer", en este caso actuando como un adulto CONSCIENTE de sus actos, como si tuviera claro su objetivo: lograr la felicidad desde la inocencia de un niño sin programas mentales pero pudiendo conseguir sus objetivos.

Así pues, el proceso de individuación de nuestro poeta se expresa simbólicamente a través de la figura del héroe, en este caso de un flautista que llega a una aldea y cobra protagonismo por sus acciones. Este proceso es explicado, por los expertos en Tarot psicológico y evolutivo, por ejemplo, a través de tres etapas que ayudan al individuo en su crecimiento personal y espiritual uniéndose con el TODO divino, etapas que corresponden a los tres grandes bloques arriba mencionados.

La psicología jungiana, tan influyente en el Modernismo, movimiento en el que incluimos a Fernando Pessoa, no sólo en nuestro autor sino también en otros autores del modernismo inglés, por ejemplo, nos ayuda a entender esta despersonalización de Pessoa no sólo en su *Libro del Desasosiego*, sino también en otras obras como la colección que es objeto de mi trabajo actual de investigación: *The Mad Fiddler*.

Esta despersonalización, que en absoluto es el resultado de un proceso de la creación literaria de nuestro autor, está más bien, desde mi punto de vista, relacionada con los avances psicológicos del período modernista, y concretamente por los descubrimientos del célebre Carl Gustav Jung, descubrimientos que nos hacen pensar, como se puede observar en estudios con una base empírica fundamentada, en un inconsciente colectivo, en este caso en una despersonalización confabulada con ese "narrador colectivo". Al hablar de un "narrador colectivo" me refiero no sólo a las características que Pessoa comparte con otros autores modernistas "despersonalizados" sino también con las conexiones electromagnéticas entre las personas (o personalidades, por seguir hablando en términos literarios, y más concretamente en términos pessoanos).

A través de estas conexiones electromagnéticas todos estamos conectados entre nosotros y además con esa fuente divina de la que tanto habla nuestro autor en sus diversas creaciones literarias (diferentes ejemplos de ellos aparecen en la colección de poesía inglesa *The Mad Fiddler*), donde la música ¿"celestial", tal vez? nos conecta a todos los individuos como si del flautista de Hamelín se tratase. Veamos de nuevo el siguiente poema ya mencionado:

> Recuerdo improvisado –
> Del brillo de una luna naciente
> Donde la vida-sueño aviva –
> El ritmo del soñador violinista.

> ("The Mad Fiddler", traducido como "El Soñador Violinista")

Así, podríamos comparar este primer poema homónimo de la colección *The Mad Fiddler* con la propia historia del flautista de Hamelín. El violinista pessoano actúa como el flautista de los hermanos Grimm: de manera consciente intenta encandilar a un grupo de personas con su música. Pero, ¿cuál es el verdadero propósito de ambos personajes? Desde una perspectiva psicológica del modernismo al que Fernando Pessoa pertenece se puede hablar de un interés del músico por escapar del ámbito maternal, cortando así toda conexión con el cordón umbilical para poder crecer y vivir su propia vida, tal vez de manera "despersonalizada". De esta manera siente la libertad que podemos encontrar representada por el Arcano Mayor de "El Loco" en cualquiera de las diferentes versiones del Tarot:

(Imagen tomada del *Tarot Symbolon*)

En mi opinión, esta lámina, junto con el poema "The Mad Fiddler", demuestran una clara similitud con la historia de *El Flautista de Hamelín*. A partir de este momento las referencias psicológicas jungianas empiezan a surgir por mi cabeza. No obstante, veamos otro ejemplo que nos muestra la similitud entre la obra de los hermanos Grimm y la poesía de Pessoa en *The Mad Fiddler*.

Inicia como flauta imprevista
Pastoral y sin melodía,
De profundidad no vista
Denota lo que sería,
Se expande hasta no sentirlo,
Por mi pensar sin descubrirlo.

("A Summer Ecstasy", traducido como "Éxtasis Veraniego")

La "raíz" de la que nos habla este poema, inevitablemente me hace pensar en la Casa 4 astrológica y todo lo que representa (todo lo relacionado con el pasado: el hogar, los progenitores, bloqueos, desafíos, todo lo que debemos sanar a nivel familiar). Podríamos decir que esta casa astrológica nos lleva a la parte kármica de la persona pero también al inconsciente (individual o colectivo, según diferentes interpretaciones). Por otro lado, dentro de la Astrología Psicológica, esta casa es el domicilio de Cáncer, regido por la Luna (que bien puede referirse a la madre del poeta en el poema arriba expuesto, al hablar de esa "raíz"). Los "pensamientos" de los que nos habla el poeta, bien podrían ser el resultado de alguna lección kármica que le atormenta y está relacionada con el ámbito familiar, más concretamente con la madre. Por otro lado, esos pensamientos también podrían ser la causa de esa despersonalización, la cual se vería reflejada en las diversas máscaras (heterónimos, semi-heterónimos, etc.) con las que firma su obra Fernando Pessoa.

CAPÍTULO 3. La herencia familiar en Pessoa

Como ya comento en el primer capítulo, Fernando Pessoa, contando con tan sólo siete añicos, escribe su primera "quadra" ("estrofa", en portugués). Esa estrofa va dirigida a su madre, lo cual me lleva a pensar en la influencia de este personaje familiar femenino, arquetipo llamado "Anima" por Carl Gustav Jung, (y por extensión de todo su árbol genealógico) en nuestro autor:

> A mi querida mamá
> Aquí estoy en Portugal,
> Tierra donde yo nací.
> Por mucho que ella me guste
> Todavía te quiero más a ti

> (*O Meu Tio Fernando Pessoa*)

De esta manera se puede observar que tanto la personalidad como el carácter de Fernando Pessoa están determinados por unas creencias que le inculcan de pequeño a través de unos programas heredados de los ancestros (por no hablar de la buena relación que *Fernandinho* pueda tener con su madre como resultado de una buena convivencia entre ambos procedente de vidas pasadas, cosas que a veces pasan y doy fe de ello).

Cada uno de nosotros lleva consigo registrada toda la información familiar. Esta información queda codificada en nuestras células y se puede acceder a ella a través de diferentes técnicas como el análisis (trans)generacional o la Sanación a través de los Registros Akashicos que practico. Esa información será expresada por los distintos miembros de la misma familia de manera diferente a pesar de estar presente en todo el clan familiar y será proyectada al exterior. Así pues, se puede ver la relación que hay entre nuestras experiencias individuales y las experiencias de nuestro ancestros, que estarán presentes en las vidas de sus descendientes, aunque de manera diferente.

¿Por qué se dice que esa información familiar será manifestada de manera diferente por los distintos miembros de la familia? Es muy sencillo responder a esto, ya que todos venimos a esta vida no sólo con unos programas mentales sino también con unas lecciones de vida y aprendizajes (karma) específicos y definidos antes de volver a encarnar. Sólo ejerciendo nuestro libre albedrío y orientándolo hacia el conocimiento y comprensión podremos resolver ese patrón familiar e iluminar nuestro árbol genealógico.

Al hablar de la herencia familiar y (trans)generacional en la obra de Fernando Pessoa no debemos, pues, olvidar toda la información almacenada en su interior por medio de pensamientos, sentimientos y emociones para afrontar el día a día procedentes de unas decisiones no tomadas por él pero que sí le afectan a tal nivel de conciencia que se verá *obrigado* ("agradecido", más que "obligado") a expresar de manera creativa.

Para entender la influencia de la familia en la obra de nuestro autor desde la escritura de esa estrofa con siete años de edad debemos remontarnos a los albores de la ***física moderna***, cuyos fundamentos siguen presentes en el materialismo científico actual. En el siglo XVIII, René Descartes diferenció los aspectos físicos de los mentales alegando que sus naturalezas funcionaban de acuerdo a leyes diferentes. Esto nos lleva a pensar en un dualismo cartesiano, que junto con el determinismo de Newton, quien habla de la ley del movimiento al considerar que todos los objetos del mundo físico están físicamente determinados, nos van dando una información para entender la influencia de la física dentro de la creatividad de un escritor, en este caso Fernando Pessoa.

No obstante, esta física deja claro que nuestro papel es el de observadores pasivos al no considerar las leyes de causa y efecto. A principios del siglo XX esta situación cambia al incorporarse una nueva disciplina en el campo de la física. Esto es lo que se conoce como *física cuántica*. Esta disciplina, a diferencia de la física clásica, estudia todo aquello que va más allá del átomo (estudia las partículas subatómicas) y de toda materia del universo; y es aquí donde esa pasividad de los observadores se torna activa. Éste es el comienzo de una nueva interpretación de la obra de Fernando Pessoa, que va más allá de lo literario que busca modelos dentro del modernismo portugués, europeo, etc. para pasar a centrarse en la paradoja que invade toda la obra pessoana con un matiz irónico.

A partir del papel de observador activo, Pessoa se adentrará en el mundo subatómico para intentar dar una explicación a su existencia, y por extensión, a la existencia humana. Pero, ¿qué quiero decir con eso de "papel de observador activo"?

La realidad que percibimos con nuestros sentidos, esa realidad que nos hace a las personas ver las cosas de manera diferente, sólo existe con la interacción de lo que los expertos llaman el "observador". Este observador no es otra cosa que nuestra conciencia. La realidad que percibimos depende del tipo de relación que se establece entre el exterior y nuestro interior (nuestra conciencia). Este interior o conciencia está condicionado por nuestros pensamientos, emociones, creencias y programas heredados (genéticamente o por influencia de la sociedad). Consecuentemente, cada persona irá creando su propia realidad en función de la interacción entre nuestra conciencia con el mundo exterior. Como los pensamientos, emociones, creencias y programas heredados en cada persona son diferentes, la realidad de cada persona será subjetiva y, por lo tanto, se puede concluir que NO EXISTE UNA REALIDAD OBJETIVA COMO TAL.

A partir de ahora, y tomando a Fernando Pessoa como un observador de la realidad, la división entre lo subjetivo y objetivo desaparece. La conciencia actúa sobre las partículas subatómicas, modificando así su estado cuántico. De esta manera nuestro autor toma las riendas desde el papel de un observador que influirá sobre lo observado. ¡Y qué mejor para ello que haciéndolo a través de diferentes máscaras!:

> El poeta es un fingidor
> Finge completamente
> Hasta fingir que es dolor
> El dolor que en verdad siente.

("Autopsicografia", traducido como "Autopsicografía")

En poemas como "Autopsicografia" el poeta toma diferentes roles y habla de ser un fingidor. ¿Por qué el poeta es un fingidor?

> Si no les gusta el mundo que ven, que sepan que no lo pueden cambiar; pero si cambian la forma de verlo, cambiará su universo.
>
> (Albert Einstein)

De esta manera nos encontramos una obra repleta de paradojas e ironía. Por otro lado, en este artículo, y, a través de la física cuántica, intento explicar el porqué de esas paradojas e ironía. Por medio de su **mente cuántica**, el autor, bajo diferentes máscaras (sus principales heterónimos y semi-heterónimos como Alberto Caeiro, Álvaro de Campos, Ricardo Reis, Bernardo Soares, Alexander Search, etc) expresa sus diferentes sentimientos, emociones y pensamientos (a mí me gusta hablar de "sentimientos racionalizados" para dar un toque racional a su sentir, acercándonos así, más aún si cabe, al mundo cuántico y al Principio Único del que habla la autora Franca Rosa Canonico de Schramm en su obra titulada *El Ser Uno*).

Desde mi punto de vista personal, ha llegado el momento de desconectar del dualismo cartesiano para dejar de ser unos simples observadores pasivos de la realidad y pasar a profundizar en el significado de los principios que preconiza la física cuántica, destacando la idea de que intervenimos en el mundo que observamos. Sólo así conseguiremos ese **cambio en la percepción del mundo** que pretende Fernando Pessoa en sus diferentes creaciones literarias:

Labios como besados tengo.
Mi triste alma feliz canta.
¡Oh, brillo entre la niebla
De trémulas alas angelicales!
El centro lunar de Dios siento,
Un bebé naciendo de nuevo,
Recordando cómo me hallé
Cuando de Dios desperté
Y el mundo, alrededor sentí.

("Chalice", traducido como "Cáliz")

La idea es observar la realidad, no como algo objetivo con referencias espacio-temporales, sino más bien haciendo al observador partícipe de la realidad en defensa de ese *drama em gente* [drama en gente] que defiende Fernando Pessoa, donde los personajes cobran relevancia al mismo tiempo que van CREANDO la acción de la obra literaria de nuestro autor. Con este tipo de "drama", Fernando Pessoa pretende continuar con la tradición literaria de autores como Walt Whitman, Keats, T. S. Eliot o James Joyce destacando la inmediatez, una inmediatez que vemos reflejada a través de Alexander Search, "autor" de los poemas juveniles de Fernando Pessoa.

A partir de ahora ya se puede establecer una conexión entre la física clásica y cuántica por un lado con la importancia de la figura del observador para entender todo el entramado que hay en la producción de Fernando Pessoa partiendo de esa estrofa inicial que nos vincula el papel de la madre con el árbol genealógico del autor. Así pues, desde la diferente percepción de la realidad que tenemos las personas, partimos del contacto con la madre (lámina de la izquierda) para entender el entramado familiar (lámina de la derecha) a continuación:

(Láminas tomadas del Tarot *Symbolon*)

En ambos casos se puede observar la influencia de la luna (figura maternal) en el signo de Cáncer (que se refiere a la protección y al cuidado de los demás). Además, en el caso de la lámina de la derecha aparece Venus (representación de la belleza femenina y del amor) en Libra, el signo del zodiaco más social que nos conecta con los demás, en especial con el matrimonio.[4] Por otro lado, se puede contemplar a una madre "espiritual" en la lámina de la izquierda con la llegada de un nuevo ser a la vida material sin programas mentales, mientras que en la imagen de la derecha aparece el bebé con sus padres terrenales y el incipiente aprendizaje con sus correspondientes programas mentales que le son transmitidos al bebé a través del inconsciente familiar (fijémonos en la inclusión del planeta Venus con el glifo de Libra).

Antes de hablar del inconsciente familiar,[5] que se transmite generación tras generación, debemos hablar de un universo participativo como se observa en la lámina de la derecha. Esto es lo que defiende el físico John Wheeler, quien alega que nuestro papel es de gran relevancia en la manifestación del mundo que vivimos (y, por consiguiente, diríamos también el mundo que nos presenta Fernando Pessoa en su creación literaria). Como se puede notar en la lámina de la derecha, hay una acción clara de observación (los dos padres están observando al niño). No obstante, y según nos indica John Wheeler, detrás de ese acto de observación tiene que haber una intención y unas creencias, familiares en este caso. Ésta es la forma en la que

---

[4] La utilización de este tipo de Tarot me permite hacer una referencia a la Astrología, como se puede observar por medio de la inclusión de planetas y signos en sus láminas, y así realizar mi pequeño homenaje a Fernando Pessoa como astrólogo que fue, quien estuvo a punto de dedicarse profesionalmente a esta disciplina en 1916.

[5] Hay incluso quien afirma que los "problemas" que heredamos de nuestros antepasados nos llevan a tres o cuatro generaciones atrás.

iremos creando nuestra realidad y esto es lo que vemos reflejado en la obra de Fernando Pessoa: su propia concepción de la realidad a través de su conciencia (valga la pena indicar que lo que percibimos no es real, sino la proyección de nuestra conciencia).

En sus diferentes poemas, tomemos como ejemplo la colección titulada *The Mad Fiddler*, vemos la capacidad creativa y creadora de Fernando Pessoa partiendo de su conciencia y su conexión con los demás, con la naturaleza, con Dios-Padre-Madre. Cada poema que compone esta colección es un estudio y observación tanto de la consciencia (el interior) del poeta como de su relación con los demás. Nuestro poeta observa y sigue observando para intentar dar una explicación a nuestra existencia. Recordemos el poema ya mencionado:

> Del norte no venía
> Del sur tampoco es,
> Su loca melodía
> Se oye donde estés.

("The Mad Fiddler", traducido como "El Soñador Violinista")

Recordando lo arriba indicado y aplicándolo a la lámina de la derecha, todo lo que heredamos, todos los programas que tenemos inconscientemente, hace que cada persona perciba la realidad de una manera diferente. Este mundo que cada cual percibe de una manera diferente determinará nuestro estado emocional, que nos estará retroalimentando con esas emociones no liberadas por nuestros antepasados.

Las emociones o conflictos emocionales no resueltos por nuestros ancestros saldrán a la luz una y otra vez hasta que uno de los descendientes del clan decida terminar conscientemente con ello. Así se explica la falta de armonía entre hermanos o en el matrimonio, disputas familiares o loterías que tocan y destrozan la vida a más de uno, por poner algún ejemplo. El inconsciente familiar se encargará de hacer una llamada para que tomemos acción (a partir de este momento cada cual, libre albedrío, elegirá "la mejor" opción, que en la mayoría de los casos se ve reflejado en quedarse en ese estado o zona de confort, como lo llaman los expertos en PNL, zona que, sin ayudarnos a resolver esos conflictos (trans)generacionales, a muchas personas les hace sentirse cómodas y bien porque en esa zona de confort no tienen que tomar acción para resolver nada, simplemente prefieren seguir sufriendo consciente o inconscientemente (aunque no lo reconozcan) con esa carga emocional.

Cómo percibimos la realidad y sus diferentes acontecimientos viene determinado por los acontecimientos percibidos, los cuales reaccionan a nuestra percepción. De esta manera, el mismo patrón del inconsciente familiar se irá repitiendo una y otra vez mientras no cambiemos nuestra forma de ver las cosas. Nuestro estado emocional será primordial para cambiar nuestra percepción de la realidad y por consiguiente frenar ese dolor, ese sufrimiento, etc. reprimido en nuestro inconsciente familiar. Sólo tomando consciencia de ese problema familiar y transformándolo podremos liberar y sanar TODO nuestro árbol genealógico porque en nuestra memoria y consciencia sólo existe lo que nos emociona. Lo que pensamos, sentimos y expresamos con emoción será manifestado no sólo en nuestro cuerpo físico a modo de salud o enfermedad sino también a nuestro alrededor sanando o no nuestro árbol genealógico, entre otras cosas:

> La fe de mis padres se eleva
> Ante mi voz ahora enferma.
> Con mis ojos ésta te reza
> Rosarios de angustia.
> ¡Eterna Alma con dulces mentiras llena
> Pesares que tu hijo encierra!

("Prayer", traducido como "Oración")

De esta manera es interesante hacer referencia a los físicos, alemán el primero y danés el segundo (Werner Heisenberg y Niels Bohr, respectivamente), quienes afirman que los átomos no son sistemas solares en miniatura, sino pequeñas nubes de probabilidad. ¿Vemos la relación entre la física subatómica y los poemas de Fernando Pessoa? Pues también la podríamos ver en los otros textos escritos por nuestro autor como es el caso de los mapas astrológicos que levantó en numerosas ocasiones. Lo importante es entender por qué cada uno entiende la misma cosa de una manera diferente, por qué una persona se queda con unos detalles de una película, por ejemplo, y otra persona se queda con otros, etc.

Una partícula cuántica es una onda de probabilidades que Fernando Pessoa plasma a la perfección en sus diferentes textos (literarios y no literarios) y no necesariamente a través de esas máscaras llamadas heterónimos o semi-heterónimos. El simple hecho de leer su obra y sentir desde el corazón con una consciencia abierta a nuevos mundos y realidades se puede entender a este autor de una manera como realmente se merece: un SER con un nivel elevado de consciencia por encima de esas máscaras literarias.

¿Recuerdas esa canción de Mecano titulada "Aire"? Nos habla de algo "sin forma definida ni color", algo similar a lo que nos remite Heisenberg al decir que la materia física no es algo estable o definido. Entonces, ¿por qué esa obsesión por querer explicar la obra de Fernando Pessoa desde una perspectiva "clásica" o literaria en lugar de centrarnos en esa parte escorpiana que domina el ascendente en su horóscopo? Esta parte escorpiana de Fernando Pessoa es la que nos ayuda realmente a entender su obra literaria desde un punto de vista cuántico y de sus múltiples realidades e interpretaciones. Todos sabemos que, desde un punto de vista literario, Alexander Search (una de las firmas utilizadas por Fernando Pessoa) escribió *35 Sonnets* [*35 Sonetos*] al estilo isabelino como resultado de la admiración que Pessoa sentía por Shakespeare. Pero, en mi opinión, esto no es suficiente para entender el sentir de Fernando Pessoa. Es por ello que me remito a todo lo relacionado con el mundo cuántico y ese ocultismo representado por el signo de Escorpio, como se puede observar en esas traducciones de metafísica, mapas astrológicos, etc que Pessoa llevó a cabo de forma paralela a sus textos literarios.

Este análisis de la obra de Pessoa desde ese punto de vista escorpiano me lleva a la consideración de otra observación de Heisenberg, para quien las partículas subatómicas se acercan a ondas vibratorias (energía) que están en continuo movimiento más que a partículas de materia estáticas. Por eso, se puede justificar esta propuesta de análisis que hago basada en el mundo cuántico y partiendo de ese ascendente en Escorpio:

> Las ideas de Dios y el Mundo,
> De Mí mismo y del Misterio,
> Como de muros derribados,
> Descienden el río hacia el mar
> Insondable en la eternidad
> Siendo de la ambigüedad.
> Mas, ¡por ese sol en la playa
> De aquel océano inalcanzable!

("The Abyss", traducido como "El Abismo")

El movimiento de esa oscuridad nos lleva a esas ondas vibratorias de Heisenberg dentro de la vorágine escorpiana en Fernando Pessoa.[6] Sólo adentrándonos en el mundo de lo oculto lograremos entender el inconsciente familiar y cómo se ve reflejado en una obra tanto literaria como no literaria.

---

[6] Recordemos que Escorpio, desde el descubrimiento de Plutón en 1930, deja de ser regido por Marte y pasa a ser regido por Plutón, el planeta de la oscuridad (y de la riqueza…).

CAPÍTULO 4. El sentimiento racionalizado

Los expertos en metafísica aseguran que vivimos en un mundo dual. Este mundo establece dos caras para la misma moneda (el Yin, o lo femenino, y el Yang, o lo masculino, la luz y la oscuridad, etc). Esta dualidad viene determinada por el Ser (Dios-Padre-Madre-Espíritu-Fuente) creador de todo lo que es. Ya desde el origen MENTAL de la humanidad se produce esta dualidad. El "hombre" creado por ese Ser Supremo sólo era una neurona, un pensamiento creado en un laboratorio:

> Somos neuronas, unas conscientes y otras inconscientes, mas todas trabajando para nuestro creador: la mente universal.
>
> (Canonico de Schramm, 2014: 16)

> Al principio, la técnica funcionó muy bien, hasta que llegó
> el momento en que las energías- pensamientos no encontraron
> albergue. Tuvieron entonces que clonarse para poder subsistir.
> Funcionó por un tiempo, hasta que no pudieron clonarse más.
> Hicieron millones de experiencias de laboratorio y
> descubrieron que, juntando dos nimeos, uno masculino y otro
> femenino, podían formar otro con las características de los dos.
> Así crearon a sus hijos, que al final fueron ellos mismos, y de
> esta manera perpetuaron la especie forma-hombre y pudieron
> albergarse en ellos, desencarnando y encarnando eternamente.
> Hoy continúan realizándolo, unos con lapsos largos y otros con
> lapsos muy cortos, como en el caso de ustedes.
>
> (Canonico de Schramm, 2014: 27)

Este origen mental de la humanidad procede, entonces, de la metafísica. No obstante, también se puede observar esta consideración desde otras disciplinas. Por ejemplo, el físico, astrónomo y matemático británico James Hopwood Jeans dice que "el universo empieza a parecerse más a un gran pensamiento que a una gran máquina. La mente [...] Deberíamos, en cambio, honorarla como creadora y gobernadora del reino de la materia".

Robert Lanza, el científico que defiende que la muerte no existe al ser una mera ilusión creada por nuestra conciencia, también nos habla de la mente. No obstante, Lanza, más que hablar de la mente universal-origen, habla de la mente individual como conciencia individual (que ni mucho menos quiere decir que esta conciencia individual esté separada de las demás conciencias o personas):

> Tal vez algunas personas imaginen que hay dos mundos, uno "fuera" y otro, un mundo de cognición separado, dentro del cráneo; sin embargo, el modelo de los "dos mundos" es un mito. No percibimos sino las percepciones en sí mismas, y no existe nada fuera de la conciencia [...] El mundo exterior, por lo tanto, está localizado dentro del cerebro, o de la mente. [...] Si eso que está justo delante de nosotros es conciencia, o mente, eso significa que la conciencia se extiende indefinidamente a todo aquello de lo que tenemos cognición.
>
> (Lanza, 2012)

Como vemos, este mismo autor sí que conecta la mente individual con el todo, y sigue diciendo:

> Si aceptamos que el mundo exterior ocurre sólo en la mente,
> en la conciencia, y que es el interior de nuestro cerebro lo que
> percibimos y conocemos "fuera" como este momento, eso
> significa, por supuesto, que todo está conectado con todo.
>
> (Lanza, 2012)

Vamos viendo que todo es pensamiento, que, junto con las emociones y sentimientos, esto será la base de la obra de Fernando Pessoa hasta tal punto que se podrá hablar de su obra como un sentimiento racionalizado que se ve claramente reflejado en su poesía. ¡TODO ES MENTAL Y TODO ES ENERGÍA. TODO ES CONSCIENCIA! Veamos lo que dice Max Karl Ernst Ludwig Planck, considerado como el padre de la teoría cuántica y premio Nobel de Física en 1918:

> Toda la materia se origina y existe sólo debido a una fuerza que
> hace vibrar la partícula de un átomo y que da cohesión a este
> sistema solar tan diminuto. Tenemos que suponer detrás   de
> esta fuerza la existencia de una mente consciente e inteligente.
> Esa mente es la matriz de toda materia.
>
> (Max Planck, 1944)

También es necesario mencionar lo que Max Planck dice sobre la conciencia, ya que esto nos ayudará a entender que la obra de Fernando Pessoa, en general, y la poesía, en particular, habla por sí sola:

> Considero la conciencia como algo fundamental. Considero la
> materia como derivación de la conciencia. No podemos ir más
> allá de la conciencia. Todo aquello acerca de lo que hablamos,

todo aquello que consideramos como existente, postula la conciencia.

(Citado en The Observer, 25 de enero de 1931)

Así pues, según estas declaraciones de Max Planck ¡LA OBRA DE FERNANDO PESSOA TIENE CONCIENCIA PROPIA! Esa creación en forma de pensamiento procedente de la Mente Universal, el Ser Dios-Padre-Madre, decidió ser como su creador y así poder tener esa capacidad creadora.[7] Para ello, el Ser Creador nos concedió lo que conocemos como libre albedrío ya que al ser todo Luz esas obras (pensamiento-neurona) que había creado no disponían de este libre albedrío o capacidad de elegir. Es en este momento cuando el Ser Creador nos da ese libre albedrío para parecernos a él-ella y poder disfrutar de esa dualidad de lo masculino y femenino, cualidades necesarias en el proceso de creación de una vida, por ejemplo. Para que pudiéramos ejercer ese libre albedrío Dios también creó la oscuridad (seres oscuros, pensamientos oscuros, etc). ¡La dualidad estaba servida!

Dios creó seres hermafroditas que todavía conservan esas cualidades duales de masculino y femenino, luz y oscuridad, etc. No obstante, ahora nacemos con un cuerpo masculino o femenino (y a veces nacemos atrapados en un cuerpo distinto a nuestra identidad, de ahí las operaciones de cambio de sexo). Somos un pensamiento con forma humana. Ese pensamiento

---

[7] Cabe recordar que todas las obras arquitectónicas, composiciones musicales, pintura, etc. parten de un pensamiento antes de ponerle emoción y crear esa obra de arte porque todo es mental antes de verse manifestado en el mundo físico.

siente y a partir de ahí surgen las emociones del mundo dual en el que vivimos. Estas emociones son el resultado de lo que pensamos, y todo esto se ve reflejado en la obra de Fernando Pessoa, quien habla de sentimientos, emociones, sentimientos racionalizados, etc. Pero antes de centrarnos en la parte literaria, vale la pena mencionar a Karl Pribram, quien estudió la distribución de la memoria en el cerebro. Gracias a él y al físico cuántico David Bohm sabemos que nuestra conciencia no está separada del Universo, de esa Mente Universal.[8]

Junto con estos autores también es interesante mencionar los estudios realizados por el científico Karl Lashley en los laboratorios Yerkes, ubicados en Orange Park, (Florida), que nos ayudarán a entender la obra de Fernando Pessoa desde una perspectiva cuántica. Este autor realizó un experimento para comprobar que TODO lo aprendido, de alguna manera, permanece en nuestra memoria. Esto es muy importante porque esta información almacenada en la memoria es lo que expresa Fernando Pessoa en su obra. A partir de ahí cada persona puede entender el mismo poema de manera diferente sin lograr saber lo que realmente pasaba por la cabeza de nuestro autor a la hora de componerlo.

A lo largo de 40 años Lashley buscó el engrama o sede y sustancia de la memoria. Lo hizo a través del entrenamiento de animales experimentales. Para ello dañó de manera selectiva diferentes partes de sus cerebros a la espera de dar con el lugar que almacenaba lo aprendido por esos animales. Este científico, al quitar esas partes del cerebro, consiguió empeorar la actuación de

---

[8] Para entender estos estudios, se puede consultar el libro de David Bohm titulado *La Totalidad y el Orden Implicado*.

los animales pero no consiguió eliminar lo aprendido. Lashley y Pribram investigaron juntos acerca del cerebro y la memoria, que no está almacenada en una parte del cerebro sino más bien distribuida por todo él.

Gracias a las investigaciones de Pribram[9] en Yale, investigaciones que duraron diez años, la ciencia recibió una contribución valiosísima en cuanto a la ciencia del cerebro ya que se desarrollaron técnicas que permitieron acceder al cerebro límbico.[10] Este cerebro es el que más nos interesa a la hora de analizar la obra de Fernando Pessoa, pues es el que controla las emociones y como tal ejerce una influencia brutal en nuestro autor, que, como ser dual, las expresará en sus diferentes creaciones literarias, como en el siguiente poema ya mencionado:

La fe de mis padres se eleva
Ante mi voz ahora enferma.
Con mis ojos ésta te reza
Rosarios de angustia.

---

[9] Se recomienda la lectura del libro de Pribram titulado *Languages of the Brain*, un clásico de la teoría del cerebro.

[10] Recordemos la teoría del cerebro triple, que incluye además del cerebro límbico, el que controla nuestras emociones (el miedo, la ira o la tristeza), el reptiliano, que es el primero por controlar nuestros comportamientos instintivos o automáticos (el hambre, la sed, el sueño o el sexo) y el neocortex, que es el cerebro más nuevo, el último en formarse, la corteza cerebral lógica, racional, cerebro a través del cual decidimos si nos conviene una cosa u otra.

¡Eterna Alma con dulces mentiras llena
Pesares que tu hijo encierra!

("Prayer", traducido como "Oración")

Cuando leemos un texto, como por ejemplo los poemas de Fernando Pessoa, debemos distinguir entre lo que el autor cuenta de manera explícita y lo que se intuye o percibe de manera implícita (a lo que habrá que sumar la interpretación que de ese texto haga cada uno de sus lectores, que obviamente será diferente). Todo esto viene determinado por la memoria que cada uno de nosotros tiene almacenada en su cerebro. Para ello, Pribram consideró el holograma como un modelo que nos puede ayudar a entender mejor el almacenamiento de memoria en el cerebro. Esto nos lleva a considerar nuestra conciencia (nuestras emociones, sentimientos, pensamientos, acciones, etc) como la suma de lo explícito y lo implícito. En el primer grupo se puede incluir todo aquello de lo que somos conscientes, mientras que el segundo grupo incluye todo aquello que subyace en nuestro subconsciente (todos los programas heredados a nivel transpersonal, familiar, social, cultural, etc). Nuestras acciones y comportamiento, que incluye nuestros pensamientos, emociones, sentimientos, etc., son formas de expresar estos programas de manera explícita. Ésta es la razón por la cual se puede hacer crítica literaria, a través de la cual se pueden ver influencias de Shakespeare or Robert Browning, por ejemplo, en la poesía pessoana. No obstante, para entender el sentimiento racionalizado, en este caso en la obra de Fernando Pessoa, es importante (además de considerar estas influencias) tomar como punto de partida el significado implícito de su obra: patrones inconscientes que trata de liberar de forma creativa en sus diferentes tipos de producción literaria.

Los expertos en el origen emocional de cualquier desequilibrio que se pueda manifestar en nuestro cuerpo físico indican que la sanación se produce cuando tomamos consciencia y conocemos el origen emocional de ese desequilibrio. La escritura fue para Fernando Pessoa no sólo la forma de dar rienda suelta a su creatividad sino también la forma de sanar. Ahora bien, todo aquello que expresa, no es sólo el resultado de unos conocimientos literarios, históricos, etc (lo explícito), sino más bien el resultado de todo ese malestar que saca a la luz bajo la forma de códigos (lo implícito) que cada uno de nosotros deberá descodificar, lo cual nos llevará a diferentes formas de interpretar un mismo poema, por ejemplo.

Para entender la racionalización del sentimiento en la obra de Fernando Pessoa es interesante referirnos a otras disciplinas como la psicología de la Gestalt, que mantiene la idea de la percepción del mundo en función de lo que procesa nuestro cerebro.[11] Todo lo que percibimos es isofórmico con nuestro cerebro. Tanto Karl Pribram como David Bohm comparten lo que se puede considerar un nuevo orden en la física, la cual habla de un universo holográfico.

Pero, ¿qué significa eso de "universo holográfico"? Y más importante todavía, ¿qué relación tiene todo esto con la obra de Fernando Pessoa? Al hablar de holografía, estamos hablando de una imagen fotográfica con un efecto tridimensional producida por un rayo láser. La comprensión de lo que esta imagen significa

---

[11] Una de las Leyes Universales del *Kybalion*, libro atribuido a Tres Iniciados, nos dice que como es afuera es adentro.

nos lleva al pensamiento de Bohm, quien considera que "lo que parece ser un mundo estable, tangible, visible, audible, es una ilusión". También relaciona lo que percibimos explícitamente como si estuviéramos viendo una película, mientras que "el orden implícito (implicado) es la madre y el padre de esta realidad".[12] Así pues, este orden implícito de las figuras del padre y de la madre representa nuestra realidad, una realidad que queda almacenada en nuestra conciencia y en nuestras experiencias a lo largo de diferentes encarnaciones. Siguiendo en esta línea se puede citar a un astrofísico británico:

> La sustancia del mundo es la sustancia mental. Nadie puede negar que la mente es el primer y más directo objeto de nuestra experiencia; y todo lo demás no es más que una inferencia lejana.
>
> (Arthur Stanley Eddington)

Estamos viendo que lo importante a la hora de interpretar la obra de un autor, en general, y la obra de Fernando Pessoa, en particular, es entender que detrás de esa historia que nos cuenta se encuentra la consciencia del narrador (coincida o no con el autor verdadero). Siguiendo en esta línea, nos encontramos al psicólogo del Virginia Intelmont College, Keith Floyd, quien

---

[12] Esto me hace pensar en la Casa 4 astrológica, casa kármica que habla de todo lo "implícito" e inherente a la persona, todo lo relacionado con la familia, herencias, etc. Por otro lado, es aquí donde algunos astrólogos ubican el papel de la madre mientras que otros sitúan aquí al padre castrador, desde una perspectiva más jungiana.

afirma que "quizá no sea el cerebro, sino más bien la conciencia la que crea la apariencia del cerebro, la materia, el espacio, el tiempo y todo lo que nos gusta interpretar como universo físico". Tomemos como ejemplo el poema de Fernando Pessoa titulado "The Island", donde se puede ver claramente el tipo de "realidad" creada por la conciencia del poeta-narrador:

> Llorad, viola y violín,
> Clarinete y oboé.
> ¡Ved una isla encantada,
> Reflejo que la luna tiene!
> En sueños mis pies la acarician
> Entre luz y oscuridad.
> ¡Mi alma cortejarla podría
> Para del sueño salvar!

("The Island", traducido como "La Isla")

La mente cuántica del poeta-narrador le permite crear su propia imagen dentro de una infinidad de probabilidades. Así pues, de todas esas probabilidades que le proporciona el mundo cuántico, el poeta-narrador elige "una isla encantada" para formar parte de su realidad holográfica y así proyectarla al mundo exterior (el lector). Esa infinidad de probabilidades a nivel cuántico le dan la oportunidad a nuestro autor de crear y proyectar su propia realidad según están registradas en su subconsciente. La probabilidad por él elegida será idéntica a todo aquello que atraerá a su vida de manera que esa isla encantada cobrará un sentido para él y la verá reflejada de alguna manera en el mundo exterior. A partir de ahí, el lector tendrá otra infinidad de probabilidades para interpretar, desde una perspectiva cuántica más que determinista o newtoniana, ese poema y más concretamente la imagen holográfica de esa isla encantada.

Fernando Pessoa observa, en este caso, una isla que forma parte de una imagen holográfica. Cuando escribe sobre esa isla lo hace conscientemente, o lo que es lo mismo, escribe desde el papel del observador consciente. Esto significa que el propio autor es consciente de atraer las experiencias (una isla) de su vida. Si la sensación resultante de esa experiencia fuese negativa y repetitiva automáticamente sabría que hay algo en su percepción que debe cambiar centrándose en sí mismo para obtener la causa de esa experiencia. Dicho de otro modo, cuando un poema de Fernando Pessoa nos habla del sufrimiento, será preciso que el poeta busque en su interior y en su percepción del mundo la causa de ese sufrimiento, ya que el mundo no tiene sentido sin la consciencia que toma una persona como observador de lo que le rodea y de cómo se siente. Sólo observando de manera consciente sabremos que tenemos el poder de decidir cómo queremos vivir, si queremos vivir desde la dualidad o desde la unidad (tomemos como ejemplo el poema arriba expuesto "Prayer", The *Mad Fiddler*, Edição Crítica: 1999).

Así pues, estamos viendo que ante un mismo poema diferentes lectores o críticos literarios pueden hacer diversas interpretaciones tomando un mismo sentimiento racionalizado por el poeta. Esto no deja de ser una interpretación subjetiva de lo que podríamos llamar ciencia de correlaciones; es decir, la ciencia (lo objetivo) cuando quiere involucrarse en el mundo de la consciencia (lo subjetivo) ya que debemos recordar que por mucha interpretación que se haga de una obra nunca sabremos lo que realmente pasa por la cabeza del autor-escritor-narrador, todo serán suposiciones, inferencias o interpretaciones. Lo que sí está claro para algunos autores, como es el caso del filósofo australiano David Chalmers, es que la consciencia es la clave para comprender el funcionamiento del universo y de nosotros mismos. Nuestra consciencia es nuestra esencia, nuestra energía, nuestro espíritu. Así pues, Fernando Pessoa habla tanto de la relación del poeta consigo mismo como con los demás pero sobre todo tomando como punto de partida su propia consciencia-espíritu (tomemos como ejemplo la colección de poemas titulada *The Mad Fiddler*):

> Yo soy sin mí siendo
> Un alma que lejos siento.
> ¡Oh, río cuán sereno,
> Tu tranquilidad presiento!

("Not Myself", traducido como "Sin Mí")

CAPÍTULO 5. Controlando la realidad de Pessoa

Como ya bien sabemos, cada persona percibe la realidad de una manera diferente debido a diversos motivos, entre los cuales cabe señalar el contexto familiar, social o cultural con todas sus proyecciones, que generan unos patrones de comportamiento en el individuo. Pero, ¿es posible controlar la realidad de una persona, en este caso Fernando Pessoa? ¿O tal vez sería más correcto hablar de observar la realidad de este autor? En cualquier caso, mi deseo es abrir mi mente a todas las probabilidades que nos ofrece el mundo cuántico para así lograr una aproximación al mundo físico localizando el sentimiento y toda la carga emocional y mental que emana de la obra de Fernando Pessoa:

> Los sueños se harán realidad.
> Hay un lago solitario
> Para ti y para mí
> Iluminado por luz lunar
>
> Luz blanca entrelazada
> Con un viento inapreciable
> Que despertará nuestra vida
> Entre aguas más termales.

("Lycanthropy", traducido como "Licantropía")

Cuando hablamos de control implícitamente estamos hablando de una separación entre una persona y su entorno. ¿Es esto lo que pretende nuestro autor? ¿Es posible hablar de un autocontrol mental que nos separa de nuestro entorno? Lo que sabemos por diferentes experimentos es que las conexiones electroquímicas del cerebro, es decir sus impulsos neuronales que viajan a más de 380 km/h, hacen que tomemos decisiones a mayor velocidad de lo que tardamos en darnos cuenta. Esto es posible porque nuestro cerebro, nuestra mente y nuestros pensamientos actúan de manera independiente sin verse afectados por el entorno exterior. Así pues, hay autores como Robert Lanza que indican que el control que se pueda ejercer sobre nosotros mismos es una ilusión ya que aunque hagamos uso de la voluntad para actuar (o para escribir poesía, por ejemplo, en el caso de nuestro autor), no es posible hacer uso de la voluntad para lograr tener voluntad, siguiendo así en la línea de lo que nos indica Albert Einstein. ¿Es nuestro autor capaz de controlar sus emociones y pensamientos en las estrofas arriba señalas?

Entonces la siguiente pregunta sería, ¿se puede ejercer el libre albedrío en nuestras vidas? En este caso estaríamos hablando de ejercer nuestra voluntad para actuar, por lo tanto se podría decir que sí tenemos control de nuestro libre albedrío[13] a pesar de esas "limitaciones" electroquímicas. Consecuentemente, tenemos dos teorías diferentes que cabe señalar para entender la obra de Fernando Pessoa: por un lado, la que habla de conexiones electroquímicas del cerebro y, por otro lado, el libre albedrío. Hay actividad eléctrica en nuestro cerebro inconscientemente, según nos indica el investigador Benjamin Libet,[14] antes de darnos cuenta, pero afortunadamente se puede ejercer nuestro libre albedrío para modificar cualquier actuación posterior de manera voluntaria. El cerebro toma decisiones a nivel subconsciente antes de que nos demos cuenta de ello. Así pues, ¿quién controla a quién? EL CEREBRO. Éste es quien controla nuestra realidad enviando señales a todas nuestras células a través del sistema nervioso. Libet, también indica que ejercemos nuestro libre albedrío a modo de una visión habitual retrospectiva del flujo de actuaciones de nuestro cerebro. De esta manera, se puede decir

---

[13] Según una de las leyes universales del Kybalion, "como es arriba ese abajo", lo que significa que del mismo modo que se ejerce el libre albedrío antes de encarnar (elegimos nuestros padres, lugar de nacimiento, y nombre) también es posible ejercer el mismo libre albedrío para dirigir nuestras acciones hacia la consecución de unas metas u otras.

[14] Entre sus investigaciones cabe señalar la que realizó pidiendo a unas personas voluntarias un movimiento de mano en un momento determinado elegido al azar. Con este experimento, y utilizando un electroencefalógrafo, pudo observar qué mano movería esa persona unos segundos antes de realizar dicho movimiento.

que las dos teorías se complementan, siendo necesario - en mi opinión - conciliar el mundo cuántico con el mundo físico para entender cómo somos, en general, y cómo es Fernando Pessoa, en particular.

Vamos viendo que el control de la realidad viene determinado por unas conexiones electroquímicas cerebrales y que esto está de alguna manera relacionado con nuestro libre albedrío de manera retrospectiva. No obstante, a la hora de hablar del control de la realidad y concretamente del control de las emociones, pensamientos y sentimientos de Fernando Pessoa, es conveniente hablar de la teoría de la evolución de Jean Baptiste Lamarck. Lamarck, padre de esta teoría, afirmó que muchos de los rasgos que una persona adquiere u organismos son adquiridos a través de su adaptación al mundo exterior y que éstos se podían transmitir mediante la herencia. El entorno y la necesidad de adaptarnos a él influyen en nosotros, y esto se va transmitiendo generación tras generación:

Sentir yo deseo
Al niño de nuevo
Que dormir hacías
Con suave cantar,
Tan suave tarareo
Que la realidad seducía
Y llorar me hacía
Al verla marchar.

("The Night-Light", traducido como "La Oscuridad")

Las personas evolucionamos y por alguna razón el poeta dice "sentir yo deseo al niño de nuevo", ese niño sin evolucionar, sin programas de comportamiento heredados (epi)genéticamente. Pero, ¿por qué decimos que los programas de comportamiento pueden ser heredados epigenéticamente? Pues precisamente por la influencia del entorno sobre el ser humano en sus cambios hereditarios. Esto es algo que nos demuestra el genetista estadounidense Howard Martin Temin en un trabajo realizado en 1970 sobre la transcripción inversa. Temin dijo que la enzima copia la información del ARN en el ADN y posteriormente H. Frederick Nijhour en 1990 diría que "los genes no son autoemergentes y no pueden activarse o desactivarse por sí solos". ¿Vamos viendo la influencia del entorno a la hora de crear nuestra realidad?

De esta manera nos encontramos con el nacimiento de la epigenética, que nos ayudará a entender la influencia del entorno en la obra de Fernando Pessoa. Según esta disciplina, que va más allá de la genética, la expresión celular y la actividad genética están reguladas, en gran parte, por el entorno. El entorno es muy importante para nuestro autor, que no deja de sentirse solo y lleno de *saudades* [nostalgia]. Se siente miembro de un contexto familiar, social, político, histórico, etc. Sin embargo, como más se siente este autor, al menos desde mi perspectiva personal, es conectado con esa divinidad que es, motivo por el cual habla tantísimo de Dios, el alma, la naturaleza, el pasado, el sufrimiento, etc. en su obra literaria:

> Deseemos lo que deseemos,
> En algún lugar estará,
> Ahora y siempre seremos

> Ricos por lo que vendrá.
> Dentro de mí
> Dios está en ti.

("Episode", traducido como "Episodio")

El entorno afecta a nuestras células, pero es importante tener en cuenta que éstas responden a base de adaptarse al entorno, un entorno físico pero también emocional. Este entorno físico y emocional afecta a nuestros sentimientos y emociones, información que quedará registrada en nuestro ADN (por no hablar de los Registros Akashicos, que para el caso sería lo mismo pero desde una perspectiva a nivel álmico más que cuántico). Esta información es la que Fernando Pessoa intenta expresar en sus diferentes textos, tomemos el ejemplo de la estrofa anterior extraída del poema titulado "Episode" ["Episodio"].

Percibimos la realidad en función de nuestro ADN pero también en función de nuestro entorno. También reaccionamos condicionados tanto por la información registrada en nuestro ADN o Registros Akashicos como por la información que nos llega por el entorno (familia, sociedad, medios de comunicación, etc). De hecho nuestro ADN se puede activar o no como resultado de la interferencia de nuestro entorno con nosotros mismos.

Esto es lo que considero que hace Fernando Pessoa a la hora de escribir (tiene en cuenta su entorno, sus influencias literarias, el contexto histórico en el que vive, etc. pero también es conveniente tener en cuenta toda la información registrada en su ADN o Registros Akashicos, como se puede observar, por ejemplo, en sus diferentes poemas.

Así pues, tan importante es pensar en los genes y la información registrada en nuestro ADN o Registros Akashicos como en la influencia de nuestro entorno para entender y controlar nuestra realidad porque como dice Bruce Lipton ""no son las hormonas ni los neurotransmisores producidos por los genes los que controlan nuestro cuerpo y nuestra mente; son nuestras creencias las que controlan nuestro cuerpo, nuestra mente y, por tanto nuestra vida." Ésas son las creencias que tanto atormentan a nuestro autor, el control sobre ellas le llevará a esa felicidad de la que también habla en su obra:

Mas, ¿cuál es su pesar?
Y ¿dónde va ella sin esa pena?
¿Qué último amor de felicidad
Abandonada sigue en su senda?

("Moonside", traducido como "A la Luna")

Es conveniente señalar que cuando se habla del entorno, además de referirnos al contexto en el que interactuamos - momento histórico, familia, educación, etc.-, nos estamos refiriendo sobre todo a nuestros pensamientos, sentimientos y emociones, que tan presentes están en la obra de nuestro autor como manifestación de nuestras creencias. Todos heredamos conflictos emocionales transpersonales y (trans)generacionales y cada uno lo manifiesta y sana como buenamente puede, algunas personas a través de la creatividad. Todos los programas tóxicos heredados de esas circunstancias son recibidos por las membranas de nuestras células y deberán ser sanados con la toma de consciencia y el subsiguiente cambio de emociones:

Juan Adam

Los ángeles de arriba llegados,
De mí la alejaron.
Para siempre se la llevaron, Entre luminosas alas volaron.

("Nothing", traducido como "Nada")

CAPÍTULO 6. La enfermedad en Pessoa

Cuando tenemos una dolencia o malestar físico, los expertos (sobre todo en física cuántica) advierten de su origen emocional. Llegan incluso a identificar la enfermedad con un mecanismo de adaptación biológica del ser humano determinada por unos programas inconscientes procedentes de diferentes fuentes (un miedo al agua, por ejemplo, que podría tener su origen en el individuo propiamente dicho o como resultado de haber visto morir ahogado a un ser querido - incluso podríamos hablar de un miedo que persiste generación tras generación por un ahogamiento producido por un antepasado-).

Así pues, la enfermedad no sólo estaría afectando al individuo sino también podría estar afectando a su familia y a su entorno social a través de unos programas inconscientes (programas, que por otro lado podrían estar afectando a todo el árbol genealógico mientras no se localice el origen inconsciente de esa enfermedad). Al ser transmitidos de generación en generación y también bajo la influencia del entorno o sociedad, estos programas inconscientes, con el paso del tiempo, se convierten en hábitos que llegan a enquistar la enfermedad.

No obstante, lo más importante es tomar consciencia de que algo falla en nuestro organismo, que nos duele una parte del cuerpo u otra, y a partir de esa toma de consciencia ponerse a trabajar en esa falta de armonía que es la causante de la enfermedad. Es importante ponerse en acción para realizar los cambios necesarios que nos ayuden a recuperar y a potenciar nuestra salud a todos los niveles (físico, mental y espiritual, no sólo emocional).

En el caso de Fernando Pessoa, se puede observar la repercusión emocional de su situación familiar (la muerte de su padre, la de su querida abuela, la de sus hermanos, las segundas nupcias de su madre, etc) junto con la influencia del entorno y sociedad (época modernista) en su obra. Así, por ejemplo, se pueden citar sus primeros versos siendo Fernando Pessoa un niño de tan sólo siete añicos y ya mencionado anteriormente:

A mi querida mamá
Aquí estoy en Portugal,
Tierra donde yo nací.
Por mucho que ella me guste Todavía te quiero más a ti

(*O Meu Tio Fernando Pessoa*)

Desde esta temprana edad, nuestro pequeño poeta empieza a percibir la realidad desde una perspectiva familiar. Esto nos lleva a pensar en el peso de la familia en su producción literaria, "peso" que desde un punto de vista metafísico nos llevaría a la necesidad de interpretar el karma que trae de vidas pasadas y cómo está influyendo en su entorno familiar. A partir de esta apreciación podríamos conectar la situación familiar (y concretamente las emociones de nuestro autor) con el entorno social de la época en la que vivió: el modernismo.

Todo esto le servirá al autor en su viaje iniciático, viaje que le lleva, por ejemplo, por los diferentes poemas de la colección de poesía escrita en inglés titulada *The Mad Fiddler*, colección que bien nos ayuda a entender el origen de la "enfermedad poética" de nuestro autor.

Estos poemas le ayudarán a nuestro autor a encontrarse a ele mesmo [él mismo] a través de su relación consigo mismo y con los demás y a través de la conexión de su alma con la naturaleza y con Dios. Ésta es la estrategia que, en mi opinión, utiliza Fernando Pessoa para ponerse en acción y trabajar la falta de armonía en su salud, lo más preciado en la vida de cualquier pessoa ["persona", en portugués].

Al estudiar los poemas de Fernando Pessoa se puede observar la relación de nuestro poeta con el mundo (partiendo de la estrofa arriba indicada) y cómo se ve influenciado por el entorno y por la sociedad de su época (además de toda la carga emocional que trae a nivel kármico y (trans)generacional). Debemos tener en cuenta las experiencias del autor (marcadas por el peso de sus emociones) y el legado (trans)generacional en el momento de su nacimiento [15] además de las experiencias familiares transmitidas generación tras generación de manera tanto consciente como inconsciente y teniendo en cuenta el contexto cultural, ideológico, político, religioso, etc que influye en las creencias de nuestro autor, creencias que plasmará en sus diferentes poemas.

La sanación de la enfermedad se puede llevar a cabo de diferentes maneras. La opción más frecuente es ir al médico (inclusive un médico especialista) una vez que la enfermedad se ha manifestado en el cuerpo físico. No obstante, el facultativo nos podrá ayudar con la parte física, pero no con la parte energética, motivo por el cual cada vez más personas combinan los dos tipos

---

[15] Debemos recordar que, según los expertos (Encarna Sánchez, co-directora junto con Daniel Rodés, de la Escuela *Le Mat* en Barcelona), el alma prepara su llegada a la Tierra tres meses antes del comienzo del período de gestación, de manera que tres mese antes del comienzo de ese período nuestra alma ya decide sus padres, su lugar de nacimiento y momento del nacimiento, además de todas las lecciones de vida y karma que se propone aprender y resolver desde el momento del nacimiento. Por otro lado, el autor Marc Frêchet en *El Proyecto Sentido* nos habla del período de tiempo desde los nueve meses antes de la concepción hasta los tres años de edad, aproximadamente. Durante este período los conflictos que viva una madre influirán en la estructuración de la conducta y biología del hijo (todos los conflictos emocionales que experimente la madre durante este período serán somatizamos por el bebé).

de sanación y así poder erradicar la enfermedad o dolencia desde su origen. Para ello se puede contar con diferentes técnicas alternativas como la Sanación a través de los Registros Akashicos que llevo realizando desde hace tiempo.

En el caso de nuestro poeta, debemos entender bien qué es lo que subyace en sus diferentes poemas para entender el proceso de sanación de Fernando Pessoa como autor verdadero. Para ello es necesario entender sus conductas inconscientes, plasmadas en sus diferentes poemas (y obra en prosa) como reflejo de su propia "enfermedad", malestar o simplemente inconformismo con lo que le rodea.

El primer paso hacia la sanación es la humildad que necesitamos para reconocer CONSCIENTEMENTE que hay un desajuste en nuestro organismo. A partir de este momento tomaremos las medidas que consideremos oportunas para realizar el cambio necesario hacia la sanación.

Una vez dado ese primer paso seguiremos con el siguiente, que consiste en encontrar el significado biológico de los síntomas que se manifiestan en nuestro organismo. A partir de este momento comienza un proceso de aprendizaje que nos lleva hacia el inconsciente y así poder localizar las emociones que están provocando esos desajustes en nuestro organismo. Una vez localizadas esas emociones, expertos como Enric Corbera destacan la necesidad de integrar la física con la química para ver cómo interactúan con la biología y cómo la mente influye en ambas. No obstante, cabe recordar que detrás de cada emoción atrapada no solamente interviene el individuo sino también su relación con los demás (familia, sociedad, etc), según se indica más arriba.

Lo más importante a la hora de entender el origen de una enfermedad y cómo ésta nos puede estar afectando a todos, en general, y a Fernando Pessoa, en particular es entender esa ley universal del *Kybalion* que nos dice eso de que "como es afuera es adentro" (Enric Coorbera diría "si yo cambio, todo cambia"). Así pues, es importante mirar en nuestro interior para entender lo que estamos reflejando en el exterior, porque lo que no nos gusta de los demás es algo nuestro que nos debemos trabajar.

La salud es un estado de coherencia lumínica que tiene en cuenta las ondas de luz que emiten nuestras células. Como nosotros somos emisores de fotones todo lo que observamos será un reflejo de nuestra consciencia (de cómo estemos en nuestro interior). Este estado en el que nos encontremos internamente será reflejado en nuestro exterior ya que las ondas de luz tienen la misma frecuencia, motivo por el cual lo similar atrae lo similar o como es afuera es adentro. De ahí que una persona en estado de incoherencia por actuar de manera diferente a lo que dice se verá a afectada por su estado mental y emocional y esto será lo que estará reflejando en su entorno externo. Esto es lo que se conoce como efecto espejo, efecto a través del cual el mundo tan sólo reflejará cómo estemos en nuestro interior: si estamos bien, esto se verá reflejado y lo notarán en nosotros los demás. Sin embargo, si estamos mal, esto también será manifestado en nuestro exterior y es lo que percibirán los demás.

Las dos "terapias", que a mi juicio, utiliza Fernando Pessoa son la escritura y la metafísica u ocultismo (sobre todo la

Astrología), que se ve como reflejo de su ascendente escorpiano.[16]

(Lámina tomada del Tarot *Symbolon*)

---

[16] La utilización de este tipo de Tarot me permite hacer una referencia a la Astrología, como se puede observar por medio de la ilusión de planetas y signos en sus láminas, y así realizar mi pequeño homenaje a Fernando Pessoa como astrólogo que fue, quien estuvo a punto de dedicarse profesionalmente a esta disciplina en 1916.

Las emociones que nuestro poeta nos muestras en sus diferentes poemas son el reflejo del impacto de las mismas en el funcionamiento biológico del poeta. De este modo se puede establecer un paralelismo entre la vida del verdadero autor y las emociones, sentimientos y pensamientos reflejados en su obra literaria (y no literaria, como la relacionada con la metafísica y el ocultismo, por ejemplo).

Para adentrarnos en el fascinante mundo que rodea a Fernando Pessoa es necesario entender la transformación que se produjo en la época modernista dentro de la psicología. Para ello, que menos que mencionar tanto a Sigmund Freud y a Carl Gustav Jung. Sólo así conseguiremos entender la "enfermedad" que aparece como un halo entre los diferentes escritos de nuestro poeta.

De S. Freud sabemos que fue el creador del Psicoanálisis y que centró su teoría en el INCONSCIENTE como un conjunto de procesos mentales y de comportamientos de los cuales el individuo no es consciente pero que pueden aflorar en cualquier momento de su vida y afectar en su carácter. Gracias a él tenemos unos estupendos estudios sobre el papel del inconsciente en la evolución y en los desórdenes de la salud. Específicamente centra su estudio en el INCONSCIENTE INDIVIDUAL, los mecanismos de represión que constituyen un pisco-trauma y los mecanismos de defensa como la proyección, el desplazamiento o la sublimación.

Por otro lado, C. G. Jung, discípulo de Freud, centra su análisis en el INCONSCIENTE COLECTIVO, patrón común a todos los seres humanos de cualquier época y lugar del mundo. Este patrón está compuesto por símbolos primitivos llamados arquetipos que sirven para representar el contenido de la psique más allá de la razón. Estos arquetipos son los utilizados por disciplinas como la Astrología o el Tarot a modo terapéutico para entender la psique del individuo y tratar de entender la enfermedad, entre otras cosas. La novedad que introduce Jung es que su teoría del inconsciente colectivo incluye la del inconsciente individual. Así, por ejemplo, las cuatro reinas de los cuatro palos del Tarot son cuatro manifestaciones individuales del mismo arquetipo colectivo, la Emperatriz, arquetipo conocido como Anima. El inconsciente colectivo está vinculado a los instintos o necesidades biológicas. Además del arquetipo del principio femenino (Anima) podemos encontrar otros como el del principio masculino (Animus), pero el arquetipo básico es el de la SOMBRA, que engloba todos los aspectos ocultos del ser humano (tanto positivos como negativos), aspectos reprimidos por el EGO. La lámina de arriba nos muestra ese aspecto oculto de Escorpio regido por Plutón (desde su aparición en 1930) con la ayuda de la seductora Lilith (Luna Negra).

Otros autores destacables dentro de la Psicología que nos pueden ayudar a entender el origen de la enfermedad y su influencia en Fernando Pessoa son Carl Rogers, que nos habla de las posibilidades ilimitadas del ser humano para el desarrollo y el cambio desde el conocimiento de sí mismo desde la empatía. Anne Ancelin Schutzenberguer se centra en el estudio del árbol genealógico y en los patrones repetitivos de la enfermedad derivados del mismo. Otro autor no menos importante es Walter Freeman, que descubrió el concepto de plasticidad cerebral y estudió las conexiones neuronales, que cambian de una forma dinámica según los patrones del cerebro y según la interpretación que hacemos de los factores externos que activan nuestras neuronas cerebrales, lo cual nos lleva de nuevo a esa ley que dice "como es adentro es afuera y como es afuera es adentro".

Así pues, se trata de des-aprender o des-programar nuestra mente para lograr la sanación. Esto es lo que nos encontramos con el arquetipo del Puer en el primer poema de la colección homónima *The Mad Fiddler*, donde un violinista, como si del flautista de Hamelín se tratase, deja "hipnotizados" con su música a los habitantes de una aldea y desaparece como si no hubiera pasado por ahí. Veamos de nuevo el siguiente poema:

Su extraña música llevaba
Deseos de libertad.
Sin ser aún melodía
Sin ser melodía tal.

("The Mad Fiddler", traducido como "El Soñador Violinista")

Este des-aprendizaje o des-programación se lleva a cabo mediante la liberación de la hormona Oxitocina, hormona relacionada con el placer, el parto, el enamoramiento o el orgasmo. De esta manera se consigue eliminar unas creencias causantes de la enfermedad física. En este caso, el des-aprendizaje o des-programación se lleva a cabo a través de la melodía del violinista en el poema de Fernando Pessoa. En otros casos se puede realizar con otras técnicas como las que utilizo con la instalación de nuevos patrones en nuestro subconsciente utilizando unas afirmaciones (o decretos) específicas y unas ondas concretas para estimular el cerebro (ondas Theta o Delta). A veces, el buen humor también ayuda en la liberación de esta hormona.

Por último deseo destacar la importancia no sólo de la las emociones y de su impacto en el ser humano a la hora de generar una enfermedad a través de un shock o una noticia desagradable que podamos recibir, por ejemplo, sino que también hay que recordar que debido a nuestro origen álmico, procedente de la mente universal (Principio del Uno del que hablan autores como la brasileña Franca Rosa Canonico de Schramm en su libro *El Ser Uno*, Volumen I) nuestros pensamientos, así como los de nuestro poeta, cobran una gran relevancia a la hora de entender el origen de una enfermedad o el malestar de nuestro poeta expresado en sus poemas, ya que cuando fuimos creados, y antes de ocupar un cuerpo físico, tan sólo éramos energía bajo la "forma" de pensamientos y neuronas (*El Ser Uno, Vol.* I: nº de Registro: 314.912, Livro: 575, Folha: 72):

> Valles más verdes que hoy
> Y juicios lejanos y queridos
> Su ventana golpearán
> Para su frescura de sed saciar.

> ("Go: though hast nothing to forgive", traducido como "El Estanque Brillante")

Así pues, se puede concluir diciendo que la toma de consciencia por parte del individuo es el primer paso para eliminar el conflicto emocional que generó la enfermedad, conflicto que estará afectando a la psique, al cerebro y al cuerpo físico. No obstante, esa toma de consciencia deberá ir acompañada de un cambio de comportamiento y de la forma de concebir el mundo, ya que, de lo contrario se activaría de nuevo ese conflicto y por consiguiente la enfermedad, dejando sin efecto las nuevas conexiones neuronales y activando de nuevo los engramas de su biología.

CAPÍTULO 7. Entendiendo la creatividad de Pessoa

Para entender la producción literaria (y no literaria, entre la cual se engloba el levantamiento de cartas astrales, traducciones de autores esotéricos, teosofía,y sobre todo su obra sobre el hermetismo), en el primer capítulo propongo partir de la energía que invade a ese SER que encarnó el 13 de junio de 1888 como FERNANDO António Nogueira de Seabra PESSOA, según se indica en ese capítulo.

Somos energía-pensamiento (y consciencia), pero esa energía procede de la MENTE UNIVERSAL creadora que conocemos como Dios-Diosa- Espíritu-Fuente, Yahvé, Jehová, etc. Esta visión energética (para entender la producción literaria y no literaria del autor objeto de estudio) es la base para comprender qué es lo que escribe, cómo lo escribe, e incluso qué es lo que siente y por qué lo siente. Hay muchas técnicas que podemos aplicar para la realización de este estudio (el Estudio Transgeneracional no es nada despreciable, por ejemplo, ya que nos ayudaría a entender, a través de la Metagenealogía de Alejandro Jodorowsky y Marianne Costa, el árbol genealógico de la familia de esta energía encarnada como Fernando Pessoa). La Astrología también nos da pistas para entender la fuerza del dios Hermes, uno de los creadores de la gran pirámide egipcia junto a otra entidad conocida como Ra. El planeta Mercurio es relevante en la carta natal de Pessoa, como escritor que fue en esa encarnación. En la mía por ejemplo, este dios-planeta tiene mucha fuerza, ya que me ayudó a generar dharma en vidas pasadas, dharma que estoy exprimiendo como si de un limón se tratase para sacar todo su jugo y todo mi potencial y así poder acercarme a la genialidad de esta "pessoa" [persona].

La energía de Fernando Pessoa también puede ser estudiada desde la teoría de Pitágoras (Numerología) como ya comento en el primer capítulo, así se puede entender los diferentes tipos de energía que desarrolló a lo largo de su vida y cómo quedó reflejada en su producción (tanto literaria como no literaria, aunque yo, personalmente, me estoy centrando de momento en la colección conocida como *The Mad Fiddler* y siguiendo la edición de la Imprensa Nacional-Casa da Moeda de Marcus Angioni y Fernando Gomes publicada en 1999 dentro de la Edição Crítica de Fernando Pessoa).

Como ya indico en ese primer capítulo Pitágoras fue un gran sabio, matemático y filósofo griego, un tanto místico inclusive. Nació alrededor del año 582 A.C. en la isla de Samos, en el mar Egeo. Adquirió conocimientos en aritmética, geometría y astronomía (Pessoa, como ya comento más arriba también, estuvo a punto de dedicarse profesionalmente a la Astrología en 1916). En el sur de Italia Pitágoras creó su propia escuela (Platón, sería uno de sus seguidores, según indico más arriba, también).
Sabemos que hablar de números es hablar de simbología. Un número es un símbolo como lo es, por ejemplo, la expresión de un niño hacia su madre, quien, sin necesidad de escucharle, ya sabe lo que desea su vástago, lo que siente, etc. Todo es simbólico, pero la interpretación es diferente. (También se puede hablar del simbolismo francés y de su repercusión en la obra literaria de Fernando Pessoa, por ejemplo). No obstante, yo me me estoy centrando en el simbolismo derivado de técnicas como la Numerología o la Astrología (junto con la mitología,

obviamente) para entender ese *Quem sou* [quién soy] que tanto le preocupó a la parte escorpiana de Pessoa.

La interpretación exotérica de la Numerología nos ayuda a entender el mundo material, el mundo de esta tercera-cuarta dimensión en la que estamos manifestados físicamente. La parte esotérica de la Numerología nos ayuda en la interpretación de los diferentes arcanos del Tarot, por ejemplo. Así pues, podríamos decir que tanto Pitágoras como sus discípulos nos legarían la interpretación espiritual y mística de la Numerología.

Recordemos, a modo anecdótico, las diferentes encarnaciones de Pitágoras desde su escuela en Crotona (Italia): Tutmosis III, faraón egipcio; el Rey Mago Baltasar, tal vez rey de Etiopía, que siendo astrólogo, como los reyes Melchor y Gaspar leería en las estrellas el anuncio de la llegada del Príncipe de la Paz; Apolonio de Tiana, contemporáneo - al igual que mi energía - del Príncipe de la Paz; Francisco de Asís, quien, gracias a un sueño, vio su vida transformada para ayudar a leprosos y pobres y creando su propia orden religiosa (Clara, su alma gemela, crearía la orden de las Clarisas para mujeres); Shah Jahan, creador del Taj Majal en memoria de una de sus mujeres que murió al dar a luz a su decimocuarto descendiente; finalmente, y tras la realización de su trabajo evolutivo, esta energía conocida como Pitágoras ascendería como el Maestro Kuthumi tras su contacto con Gustav Theodor Fechner, señalado como uno de los fundadores de la psicología moderna. En la actualidad, el Maestro Ascendido Kuthumi ayuda con la llama amarilla-dorada, relacionada con la Sabiduría Interior, para ayudar a los estudiantes, escritores, intelectuales, etc.

De momento he estado utilizando la Numerología, con ejemplos tomados de diferentes poemas de la colección arriba indicada, para entender el viaje hacia el *além* [lo lejano] de Fernando Pessoa, viaje que le llevará a lo más profundo de su SER, a ese ocultismo, burdel o mafia, según representado por el arquetipo de Escorpio, Plutón "Verbenero" y la poderosísima Lilith. (Al hablar de Plutón "Verbenero" no me estoy refiriendo a esa serie de televisión de Álex de la Iglesia (muy entretenida, por cierto), más bien me estoy refiriendo a ese planeta que, debido a su lejanía, lo ve todo "nero", que en italiano significa "negro"). A modo irónico también podríamos referirnos a la "verbena" que se monta Lilith al transitar por Escorpio.

Este viaje al interior de su SER es la forma que desarrolló Pessoa, en mi opinión, para auto-conocerse, para conocer el mundo, y ¿por qué no? para mantener relaciones sexuales cósmicas que le ayudarían a CREAR, CREAR Y CREAR sin necesidad de ninguna Ofélia,[17] otra mujer u hombre. Tal vez le faltara llevar a la consciencia toda esta simbología arquetipal, motivo por el cual, seguramente, buscaría refugio en el tabaco y en el alcohol y muriendo tan joven.

Así pues, inicié este estudio a través de la Numerología, junto con un toque astrológico. Me he servido de las dos técnicas para entender la encarnación (sobre todo la parte creativa) que esa energía vivió como Fernando Pessoa. También he realizado un estudio para contextualizar, a nivel energético, el origen de su creatividad (lecciones de vida y desafíos).

Siguiendo la Teoría de Pitágoras, el punto de partida utilizado es el de los números primarios, ya que éstos son la base para todos los demás. Por ejemplo, el número maestro que tengo

---

[17] Ofélia fue el único (y breve) amor que se le atribuye a Fernando Pessoa.

como número de vida o destino es el 33, pero siguiendo los algoritmos raíz se convierte en el número 6, y éste será el punto de partida (no obstante, en el caso de Fernando Pessoa no encontramos un número maestro). Posteriormente para la obtención de una información más extensa que me permita analizar la creatividad de Fernando Pessoa, me me basado en el número 12, el número de la totalidad, el número de casas astrológicas, de meses del año, apóstoles, etc. De esta manera se puede conectar la visión que tiene el autor sobre sí mismo con la visión que tiene del mundo exterior, obteniendo así una visión totalizadora de esta energía encarnada como Fernando Pessoa, visión que CAUSALMENTE (no casualmente, ya que a una causa le corresponde por, ley universal, una consecuencia) nos remite a los 78 arcanos del Tarot ya que $12 + 11 + 10 + 9 + 8 + 7 + 6 + 5 + 4 + 3 + 2 + 1 = 78$, la totalidad, la conexión del interior del poeta con el exterior de la tercera dimensión (o densidad, mejor dicho). De esta manera, astrológicamente podríamos analizar las 12 áreas de vida del autor, pero éste no ha sido el objetivo de este análisis. Astrológicamente, me he centrado más en la parte creativa con ejemplos tomados de sus poemas englobados en la colección arriba indicada, *The Mad Fiddler*.

CAPÍTULO 8. Conclusión

A partir de este estudio que he realizado ahora tenemos una visión global de las energías de Fernando Pessoa (características energéticas generales, ciclos de vida, lecciones y desafíos de vida, último año personal, etc) para conectar todo ello con el programa (o karma) que traía de vidas pasadas o en su árbol genealógico y poder ver todo esto ilustrado en esta colección de poemas.

¡Gracias nuevamente por adquirir mi libro! Si lo has disfrutado, por favor deja tu opinión y las estrellas en Amazon. Estaré muy agradecido. Muchas gracias por el tiempo dedicado a este libro. Estoy a tu disposición:

- A través de las redes sociales (FaceBook, Twitter, LinkedIn, Pinterest, Instagram, YouTube)
- A través de skype como Juan Adam
- En mi web https://mediocielo.wixsite.com/juanadam

CAPÍTULO 9. Bibliografía

Angioni, Marcus & Gomes, Fernando (eds.). (1999). *Poemas Ingleses III, vol. V*. Lisboa: Imprensa Nacional - Casa da Moeda (Edição Crítica).

Canonico de Schramm, Franca Rosa. (2014). *El Ser Uno. Volumen I*.

De Almeida, Clara. (2002). "Introdução". En: *Manual de Numerologia*. Lisboa: Pergaminho.

Lanza, Robert; Berman, Bob (2012). *Biocentrismo: La Vida y la Conciencia como Claves   para Comprender la Naturaleza del Universo*. Editorial Sirio, SA.

Lipton, B., & Bhaerman, S. 2010. *La biología de la transformación. Cómo apoyar*.

Lipton, B. H. 2007. *La biología de la creencia. La liberación del poder, de la conciencia, la materia y los milagros*. Editorial Palmyra.

Nogueira, Manuela. (2015). *O Meu Tio Fernando Pessoa. Lisboa: Centro Atlântico*

Planck, Max. (1944). "Das Wesen der Materie" ["La Naturaleza de la Materia"], discurso en Florencia. En: *Archiv zur Geschichte der Max-Planck-Gesellschaft*, Abt. Va, Rep. 11 Planck, Nr. 1797.

ANEXO: Poemas mencionados

EL SOÑADOR VIOLINISTA

Del norte no venía
Del sur tampoco es,
Su loca melodía
Se oye donde estés.

Tan pronto se abrió camino
La gente a escuchar llegó
Tan pronto se fue, en vano
El deseo desvaneció.

Su extraña música llevaba
Deseos de libertad.
Sin ser aún melodía
Sin ser melodía tal.

Lejos en algún lugar,
Lejos más allá
Forzados a vivir, la tonada
Alivio les vendría a dar.

Deseos del alma
Les vendría a dar,
A las mentes *des-almadas*
A búsquedas sin encontrar.

La felizmente casada
Del mal despertaría,
El amante entusiasmado
Del tedio se alejaría,

Alegres moza y zagal
El sueño festejarían,
Los corazones estando tristes
Menos soledad sentirían.

En todos se abrió la flor
De tacto inmaterial,
El albor del espeso del alma,
Aquella inmensidad,

La sombra que nos bendice
Con caricias insondables,
El desasosiego luminoso
Mejor que lo confortable.

Tal como vino, se fue.
Apenas lo apreciaron.
Ligeramente se volvió
Entre silencio y recuerdo.

Juan Adam

El sueño apaciguó sus risas,
La esperanza comenzó a cesar,
Y sólo poco después
De él no recordaron más

Hasta que la pena de vivir
La vida indeseada,
En horas de sueño trae
La paz en vida deseada,

Recuerdo improvisado –
Del brillo de una luna naciente
Donde la vida-sueño aviva –
El ritmo del soñador violinista.

TIERRA SOÑADA

Un día, el Tiempo pasado,
Nuestras almas se unirán
De nuevo sin nombre ni lugar.
Nada más quedará:
Sólo lo que nos parezca
Ese Día natural.

El tiempo nuestro amor hará
Rejuvenecer, no envejecer.
El tiempo azaroso tornará
Lo impuro en verdadero ser.
No habrá lamento alguno
Para pensamiento oportuno.

Allí de nuevo nos amaremos,
Cuestionando el viejo amor
Que nos hizo conmovernos,
Cuando retiro y dolor
Llenaban nuestra alma
Con su culminación.

Esa región suspendida
Bajo celeste luminosidad
Nuestras almas conectará
Con sentimiento de unidad.
Nada despojará
A nuestras almas de libertad.

Allí, el cielo entre nosotros
Tan palpable y real,
La textura luminosa
De nuestras vidas traerá
El Amor divino etéreo
Sin muerte en ningún lugar.

Una tierra de verdad
Que Dios moró en Eternidad
No como el mundo vivió
Ni como Él debió endurar,
Mas como Huella que dejó
Un sentir de libertad.

Sin sufrimiento ni anhelos,
Sin continuas preocupaciones,
Sin espera ni lamentos
De alegría o de llanto -
Sin esto necesitar
Para Amar la eternidad.

Mi corazón en ello piensa
Y anhela poder hallarlo,
Y ella de felicidad me llena
Con su nuevo amor de veras -
Irreal es como todo
Lo que en estos versos lloro.

Juan Adam

Mas ¿quién sabe? Esto quizá
No sea querer, más ver.
Quizá este amor, esta felicidad,
Esta consciencia de pesar
Imaginada para mí
Sea mi realidad.

Quizá un conjuro lance
En donde se pueda encontrar.
¿Hay algo inalcanzable?
¿Y confines Divinos?
¿Por qué si esto yo sueño
Un día no es mío empero?

¿Sabemos qué son los sueños?
¿Sabemos lo que Dios hace?
Quizá la vida daña primero
La verdad que trae cercana
De la belleza que es soñada.
Las apariencias engañan.

Ante un Dios cercano
Todo esto se hace real.
¡Oh, no dejes que mis miedos
Lo hagan imposibilidad!
Todo es más extraño
Alejados de lo mundano.

Mis ojos salvajes se alegran
Porque tengo este pensar.
Ni empalagan ni pesan
Pues Dios no cesa de dar
Poder a lo sublime
Sin tiempo que culmine.

Mi bello jardín está
De flores ahora lleno.
Mis labios felizmente besados
De alguna forma empero.
Con el corazón parado
En la orilla luminosa nado.

Un halo de esperanza rodeada
Mi alma. Soy ese niño
Llorando: ¡Mira! Hallada
La flor extraña que persigo.
Tengo una flor desconocida
Entre muertos sueños crecida.

Sentido tembloroso del ser
Más de lo que está permitido,
Pájaro que siente ver
El gran oro escondido
De la mañana cercana,
Un respiro, una luz y desgana.

La presencia entretejida
Con rayos de otro fulgor,
Hechizo y fuerza venida
De mi más clara diversión,
Parezco desvanecer y flaquear
Para ser yo mismo mi soñar.

Y si así no es,
¡Oh, Dios, hazlo así por mí!
¡Aleja de mí aflicciones
Porque te soñé así!
No dejes entristecer

La virtud del divino ser.
Deja que esto el cielo parezca
Y sea mi eterno hogar,
Aunque vivir por siempre sea
Tan sólo el momento gozar.
Momento que en Dios será
Suficiente eternidad.

MI OTRO YO

Ya tuve otro ser y vida
Antes de esta vida y ser.
La selva por la luna henchida
De elementales por doquier,
Un sueño que aparece en mí
Como una luz brillando sin fin
En algún lugar lejos de mí,
En mares por mí conocidos
Y en tierras sin lugares
De tiempos reconocidos.

Sueño, y, de un soplo
Una brasa se vuelve fuego,
Mi corazón emana un pasado
Que recordar no puedo.
Y, como la brasa incandescente
Tan sólo es fuego aparente,
Pierdo mi ser presente
De un sentido mudo en mí.
Como la lluvia en el mar
Me desvanezco dentro de mí.

Juan Adam

Hay laberintos de MÍ.
Soy mi ser desconocido.
Tengo, sin saber por qué,
De la vida otro sentido
(Distinto de esta vana visión
De mi alma en escisión
Con lo que me cerca la vista)
Donde ver es conocer,
Y la vida es fe y dolor
Que la Duda hace desaparecer.

Mi vida son horas felices:
Cuando no siento vivir;
Y el aroma de las flores
Que mi alma hacen urdir
Un espíritu corporeizado
De mí mismo heredado,
Sangre del espíritu de mi alma,
Un YO anterior y YO interior,
Riqueza del ser
Que con Dios quiero tener.

ÉXTASIS VERANIEGO

Junto a un día de verano
Me tumbé para soñar.
El fulgor allá lejano
En mí entró para brillar.
Brillo verdadero e irreal,
En cierto modo espiritual.

El polvo solar que danza
Se oye susurrar.
Todo es palabra.
La vista puede escuchar.
De todo perdí la visión.
Mis ideas, aladas son.

El lado interior vi
De la tierra, mañana y verano.
Los ríos discurrir oí
De Dentro. Fui llevado
Para ver, a través de misterios,
Cómo es Dios entero.

Restos del tiempo conocido
Lejos en barcos abandonados
Flotan, con flores dormidas,
Ante mi sueño sesgado
En orillas de sigilo -
En verano conmigo.

Las Maravillas de Pessoa desde el Espejo

Y algo que codiciar
Mas un deseo diferente,
Poder para necesitar
Aquello inalcanzable,
Que se disuelve de nuevo
Ante la alegría del duelo,

Una claridad sombría tejida
Por el día y por mi ser,
Como agua brillante traída
Mas apenas para ver,
Un hueco, algo borroso
Mirando todo de reojo,

Inicia como flauta imprevista
Así, como príncipe coronado,
Miedoso y orgulloso me siento.
De cielo y de tierra ataviado.
Está mi esencia profunda
Por sol y tierra iluminada.

Mis sueños, manos aladas.
Pastoral y sin melodía,
De profundidad no vista
Denota lo que sería,
Se expande hasta no sentirlo,
Por mi pensar sin descubrirlo.

¡Y mira! Soy otro ser.
Mis sentidos míos no son.
Una mano esconde mi ver
A una divina ciega visión.
Melodía perdida soy,
Divino con mis dedos voy.

AUTOPSICOGRAFÍA

El poeta es un fingidor
Finge completamente
Hasta fingir que es dolor
El dolor que en verdad siente.

Y quienes leen sus escritos,
El dolor también sienten,
No los dos adquiridos,
Mas sólo el que no tienen.

Juan Adam

Y así, en rieles se enreda
Y entretiene la razón,
Ese reloj de cuerda
Que se llama corazón.

CÁLIZ

¡Cáliz de mi comunión
Con el brillo que se perdió!
Comunión dentro de la unión.
¡Entre mis sueños y yo!
¡Oh, cáliz tan querido!
Réplica espiritual en tu vino
Del reino de Dios,
Mi alma ha sumergido la hostia
De mis momentos divinos.

Labios como besados tengo.
Mi triste alma feliz canta.
¡Oh, brillo entre la niebla
De trémulas alas angelicales!
El centro lunar de Dios siento,
Un bebé naciendo de nuevo,
Recordando cómo me hallé
Cuando de Dios desperté
Y el mundo alrededor sentí.

ORACIÓN

Sin lágrimas, Nuestra Señora,
Consagra mi noble corazón.
Enfermo estoy en esta hora,
De amargo vino embriagador
De cuitas y miedos ahora,
Por sólo ansiar de corazón.

Mi corazón se llena de pena.
Tu mirada sería caridad,
Aunque desprecio en ella viera.
Permite que pueda tornar
A ser el niño que era.

De nada me sirve rezar,

Sólo lágrimas en mis amores.
Añoro tanto mi corazón.

¡Oh, cuna de mis temores
Y tu manto, mi salvación!
¡En vida y cerca yo te tendría,
Y así tu mano tocar podría!

No sé cómo rezar.
Mi corazón está rasgado.
Mi pelo gris crecer verás.
Mis labios bien enseñados
Noche y día mencionarán
Tu nombre todo guardado.

La fe de mis padres se eleva

EL ABISMO

Entre yo y mi consciencia
Hay un abismo
En cuyo fondo invisible corre
Un caudal alejado de soles,
Cuyo sonido es oscuro y frío -
Sobre la piel de nuestra alma,
Oscuro, friamente antiguo,
No su talante sino él mismo.

Ante mi voz ahora enferma.
Con mis ojos ésta te reza
Rosarios de angustia. ¡Eterna
Alma con dulces mentiras llena
Pesares que tu hijo encierra!

El sabor tengo olvidado
De la fe y oración doliendo.
Mi corazón crece devastado.
¡Tu mano mi pelo meciendo
Como una madre aliviado
La muerte que voy tejiendo!

Mi oído se vuelve mi vista
Del río sin fondo y lugar.
Su silencioso ruido libera
Mi sueño de todo pensar.
Pertenece alguna realidad
Al río de mudo y vago cantar
Que no habla de realidad
Mas de su partir hacia el mar.

¡Ey! con ojos de oír soñado
Oigo al invisible río llevar

Juan Adam

Hacia donde no va
Lo que hace mi pensamiento -
Pensar, el Mundo y Dios,
Flotante en río emergiendo.

Las ideas de Dios y el Mundo,

LA ISLA

Llorad, viola y violín,
Clarinete y oboé.
¡Ved una isla encantada,
Reflejo que la luna tiene!
En sueños mis pies la acarician
Entre luz y oscuridad.
¡Mi alma cortejarla podría
Para del sueño salvar!

Viola, flauta y violín.
¡Ved en el aire la isla!
Por ella vago, sin fin
Con demasiada osadía.
Y el aire que le da la vida
No es aire, mas luna en fin.
Sus sendas cada nota conocen
De viola y violín.

SIN MÍ

De Mí mismo y del Misterio,
Como de muros derribados,
Descienden el río hacia el mar
Insondable en la eternidad
Siendo de la ambigüedad.
¡Mas, por ese sol en la playa
De aquel océano inalcanzable!

Mas ¿es tan real esa isla,
Como las nuestras mortales?
¿Acaso la flauta, viola y oboé
Con música abren portales,
Para de alguna manera
En algún lugar mostrarme
En un mar tejido de luna
Esa extraña isla oscilante?

Puede que sea real.
¿Más real que las nuestras?
Esa isla no sabe del tiempo
Ni necesita saberlo
Pues es real en esencia
En algún lugar estelar.
Y tenue se esvanece
Ante la flauta, oboé y violín.

Palidez siento y estremecer.
¿Qué poder de la luna
Me aflige con placer
Temblorosa en la laguna?

¿Qué hechizo de la luna
Aprisiona una alma viva?
¡Háblame, locura!
¡Sin control de la vida!

Yo soy sin mí siendo
Un alma que lejos siento.
¡Oh río cuán sereno
Tu tranquilidad presiento!

¡Oh dolor de vivir!
¡Oh pena por algo!
Dolor de luna sentir
Quiero como rey en vano

¡Mudo en un reino hechizado,
Solo a la luz de la luna!
¡Dolor de flauta cansado
Que sin tocar continúa!

LICANTROPÍA

Los sueños se harán realidad.
Hay un lago solitario
Para ti y para mí
Iluminado por luz lunar

Luz blanca entrelazada
Con un viento inapreciable
Que despertará nuestra vida
Entre aguas más termales.

En la oscura orilla frondosa,
De bosques desconocidos
El lago desea expandirse
Y el sueño ver realidad.

Allí escondidos y apagados,
Por la luz lunar hechizados,
Sentiremos nuestro ser
Como algo musical.

LA OSCURIDAD

Juan Adam

Ahora sé, ama
Que el amor es vano.
Cuando era pequeño
Solías cantar
Mi mente calmabas
Y el mal aliviabas.
Esa canción sueño
En mí alcanzar.

Sentir yo deseo
Al niño de nuevo
Que dormir hacías
Con suave cantar,
Tan suave tarareo
Que la realidad seducía
Y llorar me hacía
Al verla marchar.

Junto al lecho, ama
De nuevo tú canta
La canción que me encanta
Esperar encontrar.
Mi alma padece
Y la alegría entristece.
Canta dulcemente
Acariciando mi frente.

¡Lugares perdidos
En sueño y soñar!
Cuentos de hadas
Nunca contados,
Mas aparecidos
De la profundidad
¡De tus letras aladas
Y hechizo elevado!

Tú canta como si
También escuchases.
Canta como si yo
No conociese
Más que la noche
De tu cantar,
Con mi aliento absorbido
En mi pecho encogido.

¿Mas por qué viví
Lejos de este momento
De tus cantares
Tal vez de reinas
En mis soñares,
Quizá de flores,
De aromas perdidos
Para mis sentidos?

¿Por qué yo perdí
Lo que no tenía
Y era tu voz,
La noche y mi corazón?
¿Por qué yo elegí
Pensamiento, amor y vida,
Errónea elección
Y falsa puntería?

Canción de mi ama,
Para mí de nuevo.
Canta hasta encontrar
Mi corazón entero,
La vida malsana,
Librando los sueños
Flotando encogidos
En lo desconocido.

Tú ya no eres más
Mi ama que canta,
Mi infancia vivida
Me hizo renacer.
No: tú eres la hora
De sueño que emana
La escena dolida,
De mal padecer;

Maternal y sombría,
Noche consagrada,
En donde mi alma
Está encantada
Por los profundos confines
Que de placer siento
Y el sutil duelo
De dolor y tiempo;

Hundido en el lecho,
De noche enterrado
Sin pena ni gloria
Por ser como un cero,
Después de un buen trecho
Un barco apagado,
Libre de la escoria
De ser pensamiento.

EPISODIO

Juan Adam

Soñemos lo que soñemos,
Los sueños son verdad.
No importa lo que parezca,
Lo ve la divinidad
Y es por consiguiente
Real como presente.

Deseemos lo que deseemos,
En algún lugar estará,
Ahora y siempre seremos
Ricos por lo que vendrá.
Dentro de mí
Dios está en ti.

A veces la esperanza, pienso,
Esto realidad puede hacer,
Mas paro, tanteo
Y vida, dolor y temer
Es todo lo que queda.
¿Por qué entonces todas penas,

Esta angustia que estremece
Con una tenue alegría
De todo el dolor que teje
La esperanza que henchía?
Así pues, ¿por qué
Todo eso incierto es?

Oh, dame una brisa
En un país de prados,
Y permite la brisa
Que yo no haya vislumbrado.
Pues es la ansiedad
Deseo de felicidad.

Las Maravillas de Pessoa desde el Espejo

MIRANDO AL TAJO

Guió sus rebaños tras el cerro,
Su voz en mí tras el viento,
Y de sed por su pena me lleno
Con todo eso que no siento.

Laguna espiritual rocosa
En su llanto profundo yace.
He ahí su desnudez fatigosa,
Eterna en la sombra se hace.

Mas lo que hay de todo cierto
Es mi alma, vejez y sueño
Y la sombra de mi puerto,
El dolor del que me adueño.

A LA LUNA

Mas, ¿cuál es su pesar?
Y ¿dónde va ella sin esa pena?
¿Qué último amor de felicidad
Abandonada sigue en su senda?

Juan Adam

NADA

Ángeles venidos a buscarla.
Junto a mí la encontraron,
Traída por sus alas.
Los ángeles lejos la llevaron.
Su divino hogar había dejado
Y conmigo a vivir llegó.

Me amó porque el amor
Ama las imperfecciones.
Los ángeles de arriba llegados
De mí la alejaron.
Para siempre se la llevaron,
Entre luminosas alas volaron.

En verdad su hermana era
Y de Dios también venía.
Mas ella me amaba porque
Mi corazón compañía no tenía.
De mí se la llevaron
Y así todo dejaron.

EL ESTANQUE BRILLANTE

Ve:te nada tienes que perdonar.
Mejor que vivir es soñar.

Pero el sol naciente verá él
Que todo dejó perder;
Cuya mente atenta es
Vagando y cambiando tez.

Por valles más verdes que
El brillo de cuentos infantiles
Traspasando ventanas, él
Vagará mundos concebibles.

Para él sentado y cantando
Sobre pasos de senda vivida
Las hadas sus alas alzan
Y sus flores crecen fornidas.

Su mano no podrá alimentar
El silencio de su necesidad.
Nadie el arroyo podrá señalar
Para saciar su pubertad.

Valles más verdes que hoy
Y juicios lejanos y queridos
Su ventana golpearán
Para su frescura de sed saciar.

Como una costurera sentada
A la ventana de madrugada
De una aldea desconocida,
Él se quedará sin cuitas.

Mas incorpórea y deseada
Como arcoiris cruzará su alma
Los perdidos prados de calma
Y la tierra florecerá hablada.

OTROS TÍTULOS DEL AUTOR

A Pragma-stylistic Approach to the Communicative Patterns in Kate Chopin's "Désirée's Baby": From the ST to the Spanish TT

Este libro es el resultado de un trabajo de investigación sobre Traducción Literaria. Es un texto científico especializado en un contexto académico y para el público en general capaz de entender inglés y castellano. En este libro el autor traduce y analiza la comunicación entre hombres y mujeres dentro del mismo y diferente contexto social, raza y origen. El análisis toma como punto de partida el contexto proporcionado por la Guerra Civil americana tal cual lo presenta la escritora Kate Chopin en su relato corto *"Desirée's Baby"*.